한림대학교 일본학연구소
아시아를 생각하는 시리즈⑥

한일회담
1965

전후 한일 관계의 원점을 검증하다

NIKKAN KAIDAN 1965 SENGO NIKKAN KANKEI NO GENTEN WO KENSHOUSURU

ⓒ FUMITOSHI YOSHIZAWA 2015

Originally published in Japan in 2015 by KOUBUNKEN, TOKYO.

Translation rights arranged with, KOUBUNKEN, TOKYO,

through TOHAN CORPORATION, TOKYO and Shinwon Agency Co., SEOUL.

This Korean language edition published 2022 by Institute of Japanese Studies, Hallym University, Chuncheon.

한일회담 1965

초판인쇄 2022년 1월 28일
초판발행 2022년 1월 28일

지은이 요시자와 후미토시
옮긴이 엄태봉
펴낸이 채종준
기획 한림대학교 일본학연구소

펴낸곳 한국학술정보(주)
주소 경기도 파주시 회동길 230(문발동)
전화 031) 908-3181(대표)
팩스 031) 908-3189
홈페이지 http://ebook.kstudy.com
E-mail 출판사업부 publish@kstudy.com
등록 제일산-115호(2000.6.19)

ISBN 979-11-6801-275-2 03340

이 도서는 2017년도 정부(교육부)의 재원으로 한국연구재단의 지원을 받아 한림대학교 일본학연구소가
수행하는 인문한국플러스지원사업의 일환으로 이루어진 연구임 (2017S1A6A3A01079517)

한림대학교 일본학연구소
아시아를 생각하는 시리즈⑥

한일회담 1965

전후 한일 관계의 원점을 검증하다

/ **요시자와 후미토시** 지음
/ **엄태봉** 옮김

이담북스

한국어판 서문

『한일회담 1965 — 전후 한일 관계의 원점을 검증하다』(『日韓会談1965 — 戦後日韓関係の原点を検証する』高文研, 2015 年, 이하 『한일회담 1965』)가 일본에서 간행된 지 어느덧 6년이 흘렀습니다. 그해 12월에 일본군 '위안부' 문제에 대한 한일 양국의 합의가 이루어졌고, 2018년 10월에는 한국의 대법원이 강제동원 피해자의 위자료 청구권을 인정하며 일본 기업에 배상금을 지불하라는 명령을 내렸습니다. 식민지 지배를 둘러싼 문제가 아직도 해결되지 않았지만, 일본정부, 기업, 그리고 많은 언론들은 이에 대해 1965년의 '한일 청구권 협정으로 해결되었다'라는 주장을 반복하고 있습니다. 일본정부는 일본군 '위안부' 문제에 대해서도 2015년의 합의를 바탕으로 그 이상의 대응을 하겠다는 의사를 나타내지 않고 있습니다. 2015년 8월 14일, 당시의 아베 신조(安倍晋三) 총리는 전후 70주년 담화를 발표했지만, 조선 식민지 지배에 대한 어떠한 반성도 언급하지 않았습니다. 이 담화는 "러일 전쟁은 식민지 지배를 당하고 있었던 아시아와

4

아프리카의 많은 사람들에게 용기를 주었습니다", "우리나라는 제2차 세계대전에 대해서 통절한 반성과 사죄를 계속해서 표명해 왔습니다", "그 전쟁과는 아무런 관계가 없는 우리들의 자식과 그 자손들에게 계속해서 사죄를 해야 하는 숙명을 짊어지게 할 수는 없습니다"라고 말하면서, 일본정부가 앞으로 끝없이 계속 사죄할 일은 없다는 의사를 표명했습니다.

일본에서는 조선 식민지 지배에 대해 기억하려는 방향보다 망각하려는 방향으로 흐르고 있는 것 같습니다. 21세기가 되어 식민지 지배를 받은 대부분의 민족들이 독립을 달성하고 식민지 지배의 역사를 되묻는 목소리를 키워왔습니다. 일본에 살고 있는 사람들에게 역사를 더 알릴 수 있는 서적을 출판하려는 바람은 지금도 변함이 없습니다.

필자의 첫 연구서인 『전후 한일 관계-국교정상화 교섭을 둘러싸고』(『戦後日韓関係-国交正常化交渉をめぐって』 クレイン, 2005年)가 일조각에서 한국어로 번역되어 출판될 즈음, 당시 국민대학교 일본학연구소에서 근무하고 계셨던 엄태봉 교수에게 연락이 왔습니다. 『한일회담 1965』를 번역해 보고 싶다는 뜻밖의 연락이었습니다. 본서를 번역할 경우, 한일국교정상화 교섭이나 현대사에 정통한 분에게 부탁을 드리고 싶었는데 엄태봉 교수의 후의는 정말 고마웠습니다. 특히 엄태봉 교수는 한일 양국의 문화재 반환 문제에 대해서 많은 연구 성과를 발표한 분으로, 본서를 정독하면서 수정해야 할 내용들을

5

명확하게 지적해 주셨습니다. 이러한 분이라면 충분히 신뢰할 수 있기 때문에 독자 여러분들께서도 본서를 알기 쉽게 읽으실 수 있을 것으로 생각합니다.

　필자는 지금까지 한국어로 연구성과를 발표할 기회가 여러 번 있었습니다. 하지만 이번과 같이 일반교양서를 한국어로 출판하는 것은 처음 있는 일입니다. 아무쪼록 많은 분들께서 읽어주시고 많은 격려와 비판을 부탁드립니다.

　마지막으로 이 책을 번역해 주신 엄태봉 교수, 그리고 한국어판 출간을 흔쾌히 수락해 주신 고분켄(高文研)과 한림대학교 일본학연구소의 모든 분들께 감사의 말씀을 드립니다.

2021년 7월 22일
요시자와 후미토시

시작하며

현재의 한일 관계는 1965년 6월 22일에 체결된 '대한민국과 일본국 간의 기본관계에 관한 조약'(한일기본조약) 및 부속협정을 기초로 하고 있다. 일본이 1945년에 제2차 세계대전에서 패하고 조선에 대한 식민지 지배가 끝났다. 이후 한국정부가 1948년에 수립되고 약 20년에 걸쳐 한일 양국의 외교관계는 가까스로 정상화되었다. 이 조약과 부속협정에 따라 청구권, 어업, '재일한국인'의 법적지위, 조선에서 유래한 문화재 등의 문제들이 일단 '결착'되었다. 하지만 작금의 한일 관계를 보면 이러한 문제들이 봉합되지 않은 채 현재에 이르고 있는 것 같다.

원래 한일기본조약과 부속협정에서 무엇이 합의되었는가를 다시 묻는다면, 사실 합의되지 않은 채 현재에 이르고 있는 문제가 많다. 한일기본조약 제2조에서 "1910년 8월 22일 및 그 이전에 대한제국과 대일본제국 간에 체결된 모든 조약 및 협정이 이미 무효임을 확인한다"는 조문이 있다. 이것은 일본의 식민지 지배가 합법이자 정당했다고 하는 일본과 불법이자 부당했다고 하는 한국 측의 입장이 마지막까지 해결되지 않았기 때문에 생긴 고육지책의 조문이다. 즉 한국병합까지 맺어진 한일 간의 모든 조약 및 협정이 '이미 무효', 1965년 시점에서 무효라는 것으로 한일 양국이 서로의 입장에서 해석 가능한 형태의 조문을 일부러 만든 것이다. 이는 '해결하지 않는 것을 통해 해결한 것으로 간주'하는 조문화 작업의 전형이다.

이와 마찬가지로 「대한민국과 일본국 간의 재산 및 청구권에 관한 문제 해결 및 경제협력에 관한 협정」(한일 청구권 협정) 제2조 1항은 "양 체약국은 양 체약국 및 그 국민(법인을 포함함)의 재산, 권리 및 이익과 양 체약국 및 그 국민 간의 청구권에 관한 문제가 1951년 9월 8일에 샌프란시스코시에서 서명된 일본국과의 평화조약 제4조 (a)에 규정된 것을 포함하여 완전히 그리고 최종적으로 해결된다는 것을 확인한다"고 되어 있다. 이 "완전히 그리고 최종적으로 해결"된 청구권의 내용이 당시 한일 양국 간에 정말 합의되었던 것일까. 일본은 한일 청구권 협정 체결 이래 일본군 '위안부' 피해자를 포함하여 청구권 문제가 모두 해결된다는 자세를 유지하고 있다. 한편 한국정부는 일본군 '위안부'나 재한 피폭자 문제가 한일 국교정상화 교섭(한일회담)에서 논의되지 않았으며 지금도 해결되지 않은 상태라는 입장이다.

또한 한일회담 당시 독도 영유권에 대해서도 일본 측이 집요하게 주장한 경위가 있으며, 최종적으로 「분쟁 해결에 관한 교환공문」[1]을 교환하게 되었다. 그 문서에는 "양국 정부는 별도의 합의가 있는 경우를 제외하고 양국 간의 분쟁은 우선 외교상의 경로를 통하여 해결하는 것으로 하고 이에 의하여 해결할 수가 없을 경우에는 양국 정부가 합의하는 절차에 따라 조정에 의하여 해결을 도모한다"라고 되어 있다. 이 '분쟁'에 대해서 독도가 포함되었다는 일본 측과 포함되지 않았다는 한국 측의 입장 차이가 있다.

일본에 있는 조선 유래 문화재 문제에 대해서는 「대한민국과 일본국 간의 문화재 및 문화협력에 관한 협정」(한일 문화재 협정) 제2조에 "일본국 정부는 부속서에 열거한 문화재를 양국 정부 간에 합의되는 절차에 따라 본 협정 효력 발생 후 6개월 이내에 대한민국 정부에 인도한다"고 되어 있다. 한국 측은 조선 유래 문화재가 식민지 시기 및 그 이전에 일본에 약탈당한 것이라고 하면서 그 '반환'을 요구하고 있었다. 그러나 일본 측은 '약탈'이라는 지적을 인정하지 않았고, 이것을 '기증' 또는 '증여'한다고 했다. 이 협정의 '인도'라는 표현은 이른바 한일 양국의 입장에서 중립적인 용어를 선택한 것이며 이 또한 타협의 산물이다.

현재의 한일 관계에서 현안이 되고 있는 문제들은 이미 한

---

1) '교환공문'은 서간의 교환을 통해 국가 간의 합의를 표시하는 문서로 국회 비준 [전권위임이 서명한 조약에 대한 당사국에서의 최종적인 확인·동의 절차]을 필요로 하지 않는다.

일회담에서 논의되었다. 그러나 한일 양국은 국교정상화를 가장 우선시했고, 의제들을 완전하게 해결하지 않은 채 1965년에 교섭을 끝냈다. 한일 양국이 베트남 전쟁에 개입한 미국을 지원하고, 동시에 미일 양국이 한국의 경제개발을 지원하기 위해서 국교정상화가 서둘러졌던 것이다. 즉 이것은 중소 대립이 계속되고, 결속되지 않는 공산주의 진영의 일각으로서 한국과 대치하고 있었던 북한에 한미일 삼국이 연계하여 대항하는 체제를 강화한다는 의미였다. 그로 인해 동아시아의 공산주의권 국가들은 한일기본조약을 '군사동맹'이라고 간주하고 이에 강하게 반대했다.

또한 한일 양국의 국내에서도 한일국교정상화를 둘러싸고 극심한 반대운동이 일어났다. 한국의 반대운동이 박정희 정권의 '굴욕 외교'를 비판하고 정권 타도를 내걸자, 한국정부는 1964년 6월 3일에 계엄령을 선포하고 반대운동을 진압하는 사태에 이르렀다. 다음 해에도 반대운동이 일어났지만, 한국정부와 여당인 민주공화당은 국회에서 해당 조약과 부속협정의 비준안을 강행으로 처리했다. 일본의 반대운동은 '제2의 안보투쟁'으로 전개되었고, 특히 한일기본조약 및 부속협정 비준에 관한 국회(제50회)에서 반대운동 참가자가 최대를 기록했다. 그러나 일본정부와 여당인 자민당은 중의원과 참의원의 위원회 및 본회의에서 4번에 걸친 강행 채택을 통해 해당 조약과 협정의 비준안을 성립시켰다.

당시의 반대운동은 한일국교정상화의 문제들을 날카롭게 지적하고 있었다. 한일 양국의 국회에서 한일 간의 합의를 둘러싸고 야당이 상대국 정부의 견해를 추궁하면서 그 모순을 밝혔다.

한국의 반대운동은 한일국교정상화에 따른 평화선(이승만 라인)2)을 포기하고 정당한 대일배상요구를 포기했다면서 한국정부를 비판했다.

일본의 반대운동은 한일국교정상화에 따라 일본이 아시아에서 벌어지는 전쟁에 휘말리고 남북한의 분단을 고착시키며, 일본이 또다시 한국으로 경제적인 침략을 한다는 '신식민지주의'가 시작된다고 주장했다. 오늘날 한일기본조약을 안전보장과 관련하여 군사동맹과 같은 것이라고 논해지는 일은 거의 없다.

하지만 그 시기는 아시아·태평양 전쟁 종결 이후 20년, 한국전쟁 휴전 이후 12년밖에 지나지 않았었고 전쟁의 상흔이 아직 생생하게 남아 있었다. 특히 한국인들에게 식민지 지배로 인한 쓰라린 경험도 단지 옛날이야기는 아니었다.

---

2) 이승만 대통령은 1952년 1월에 '해양주권선언'을 발표하고 연안에서 최장 200해리에 있는 수산물·천연자원을 보호·이용하는 권리를 주장했다. 이후 한국정부는 이 라인 내에 들어온 일본어선을 나포하게 되었다. 한일기본조약과 함께 체결된 「대한민국과 일본국 간의 어업에 관한 협정」에 따라 사실상 폐지되었다.

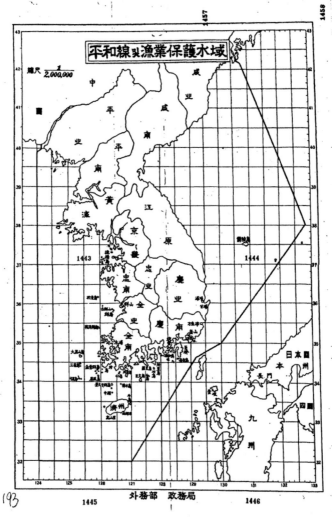

이승만 라인(『제6차 한 · 일회담 어업 및 평화선 위원회 회의록 및 기본정책 1961-62.3』에 게재된 지도 <한국외교문서 729, p.193>)

그렇다면 한일회담에서 논의된 문제들 혹은 해결되지 않은 문제들은 현재 어떻게 되고 있는 것인가. 전쟁 피해자들의 인권 회복, 독도 영유권, 문화재 등의 문제도 있지만, 소련이 붕괴하고 중화인민공화국(이하 중국)이 자본주의를 도입한 후에도 한미일 3국은 북한과 대치하기 위해 연계를 유지하고 있다. 일본의 자위대는 창설 이후 착실하게 해외로 파견되면서 지금은 평화헌법의 집단적 자위권 행사를 통해 공공연하게 전장(戰場)으로 향할 수 있게 되었다. 한국 또한 베트남 전쟁 이후에도 군대를 해외에 파병하고 있고 국가보안법[3]이 여전히 잔존하고 있다. 그리고 2014년 12월 19일에는 북한과의 관계를 이유로 통합진보당(필자 주=2011년 12월에 창당. '진보적 민주주의'나 '민족해방'을 이념으로 내걸었다)이 해산되는 사태까지 일어났다. 한편 한일 관계가 침체되자, 일본과 한국에 미군 기지를 두고 중국과 대립하고 있는 미국이 양국 관계 개선을 위해 중개 역할을 것도 한일회담 당시의 구조 그대로이다.

미국 자본의 한국 투자, 한국 제품 수출처로서의 거대한 미국시장이라는 존재와 함께 한일국교정상화를 통한 일본의 대한경제협력은 한국의 경제발전에 기여했다고 말해도 좋을 것이다. 그리고 한국의 민주화를 실현시켰던 주역이 이른바 중

---

3) 1948년 12월에 제정되어 다음 해에 사형이 최고형으로 올려졌다. '반국가단체'의 구성원이나 동조자 등을 처벌하는 내용이었는데, 북한정부와 내통하고 있다는 것을 이유로 정부에 대한 비판을 억누르는 도구로 이용되었고 인권 침해를 발생시켜 왔다.

산계급이며 이들이 형성된 요인으로 '한강의 기적'이라고 불리는 특히 1980년대의 한국 경제 성장을 실현한 논의는 일리가 있을 것이다. 노태우 정권이 중국 및 소련과 국교를 수립하고 김영삼 정권 이후의 한국이 세계화가 진행되어 가는 국제사회에 적응하면서, '선진국 클럽'이라고 불리는 경제협력개발기구(OECD) 가맹국으로서 현재에 이르고 있는 것도 사실이다. 그리고 국교정상화 이후 한일 양국이 긴밀하게 연계하여 사람, 재화, 자본, 문화들을 상호 교류해 온 것도 인정할 수 있다.

하지만 이만큼 긴밀해진 한일 관계임에도 불구하고 국교정상화 당시부터 지적되어 온 여러 문제들은 아직까지 해결되지 않고 있다. 이른바 냉전 시기에 그러한 문제들이 '냉동 보존' 되었고 탈냉전기와 함께 '자연 해빙' 되어 현재에 이르고 있는 듯하다. 2014년 11월에 실시된 일본 내각부의 '외교에 관한 여론 조사'에서 한국에 친근감을 갖지 않는다고 답한 자가 66.4%에 달했는데, 이는 1978년부터 시작된 조사 이래 최악이었다. '대한민국과 일본 간에 체결한 일본에 거주하는 대한민국 국민의 법적지위 및 대우에 관한 협정'('재일한국인' 법적지위협정) 발효 이후 영주권이 서서히 인정되어 왔던 재일조선인을 일본사회에서 배제하려는 움직임이 두드러졌다. '재일조선인의 특권을 인정하지 않는 시민 모임'(재특회)이 교토조선학교에 행한 헤이트 스피치 관련 소송에 대해 최고재판소

(역자 주=한국의 헌법재판소에 해당)는 2014년 12월 9일에 재특회에 배상을 명하는 판결을 내렸지만 서점에 가면 여전히 '혐한' 서적이 빈틈없이 늘어서 있다.

한일국교정상화로부터 50년이나 이어지고 있는 문제들은 반드시 해결해야 한다. 그 근간에 있는 것은 '역사 인식', 보다 정확하게 말하자면, 조선 식민지화와 식민지 지배에 대한 인식 문제이다. 한일 양국이 공통의 역사 인식을 무리하게 만들 필요는 없다는 논의도 있다고는 하지만, 그 문제를 계속 방치해 왔기 때문에 현재와 같은 최악의 한일 관계에 이르고 있다. 역사 대화를 게을리하면서 '미래 지향'을 목표로 하는 방법은 이미 속수무책이다.

이러한 과제를 계속 놔두고 후세, 즉 자신의 아이들이나 손자들 세대에 그 부담을 전가해도 되는 것인가. 이와 같이 산적한 '역사 문제'에 마주하는 것, 한일 간의 문제들을 해결하기 위한 여러 가지 노력을 하는 것, 이와 함께 북일 국교정상화 교섭 그리고 남북 대화를 진행시키는 것도 중요한 과제이다.

본서는 이상과 같은 염원을 담아 독자들이 한일기본조약 및 부속협정에 대해 보다 폭 넓게 이해하길 바라는 것을 목표로 지금까지 발표해 온 연구 성과를 가필·수정한 것이다. 특히 한일 조약 조문만을 제시하고 해석하는 것에 그치기보다 조문화 과정을 설명하기 위해 되도록 교섭 경위를 상세하게 다뤘다. 현재의 한일기본조약 및 부속협정 관련 논의에서 가장 부족한 것이 이 부분이기 때문이다.

참고 문헌 등은 '맺음말' 및 책 말미의 참고 문헌을 참고하기 바란다.

[본서의 표기 등에 대해서]

(1) 식민지 조선 출신자 및 직계비속에 대해서 '한국적'과 '조선적'을 불문하고 '재일조선인'으로 총칭한다. 단 '재일조선인' 법적지위 협정과 같이 '한국(국)적' 보유자를 지칭할 때는 '재일한국인'으로 표기한다.

(2) '재일한인'이나 '북선(北鮮)'(역자 주=북조선, 즉 북한을 지칭하는 표현) 등 협정이나 인용 자료에서 사용되고 있는 표현은 원문대로 표기한다.

(3) 본서에서 사용하고 있는 외교문서 중 한국정부가 공개한 외교문서는 동아일보 웹사이트(https://www.donga.com/news/d_story/politics/K_J_agreement65/data.html)에서 열람이 가능하다. 또한 동북아역사재단이 운영하고 있는 '동북아역사넷'(http://contents.nahf.or.kr/)에서도 문서를 항목별로 열람할 수 있다. 직접 열람하고자 할 때는 서울에 위치한 외교사료관에서 확인이 가능하다. 일본정부가 공개한 외교문서는 '한일회담 문서·전면공개를 요구하는 모임'(日韓会談文書·全面公開を求める会)의 웹사이트(http://www.f8.wx301.smilestart.ne.jp/)에서 열람이 가능하다. 다만 아쉽게도 2015년 6월 현재,

외교사료관 등 일본의 공공기관에서 해당 문서들을 직접 열람할 수는 없다.

차 례

제1장 ::::: 한일 조약은 이렇게 맺어졌다

제2장 ::::: 한일병합조약은 언제부터 '무효'인가─기본관계

제3장 :::: '완전히 그리고 최종적으로 해결'된 청구권은 무엇이었는가 - 재산청구권

제4장 ::::: 재일조선인의 '소거'를 목표로 — '재일한국인' 법적지위

자료 편

제1장

한일 조약은
이렇게 맺어졌다

제1장에서는 제2차 세계대전이 종결된 1945년부터 한일기본조약 및 부속협정이 발효('재일한국인' 법적지위협정은 1966년 1월 발표)된 1965년 12월까지의 과정을 서술하면서 한일회담을 개관한다. 특히 일본과 체결된 평화조약(샌프란시스코 강화조약, 이하 대일강화조약) 발효 이후 동남아시아 국가와 일본 간의 국교정상화 교섭에서 논의된 배상 문제(칼럼 ③ '구종주국과 구식민지의 국교수립과 배상 문제' 참조) 등을 비교하면서 일본과 남북한의 관계, 나아가 동아시아 국제관계에서 탈식민지화 과정으로서 한일국교정상화가 어떠한 의미를 갖는지를 살펴보고자 한다.

시기 구분은 일본이 패전한 1945년 8월부터 한일 예비회담이 시작된 1951년 10월을 거쳐 대일강화조약이 발효한 1952년 4월까지를 [제1기], 회담 중단과 재개를 반복한 1960년 4월까지를 [제2기], 그리고 교섭이 타결로 향해 가는 1965년까지를 [제3기]로 한다.

제1기를 대일강화조약 발효 시기까지 잡은 것은 일본과 중화민국의 중일평화조약(1952년 4월 체결)과 함께 미국의 중개(칼럼 ④ '한일 관계에 대한 미국의 중개' 참조)하에 진행된 한일국교정상화가 일본의 독립과 동시에 동아시아 반공체제 실현을 목표로 했기 때문이다.

제2기는 일본의 독립 이후 한일국교정상화 실현에 대한 전망이 보이지 않는 상태로 이른바 회담이 표류한 시기라고 할 수 있다. 1950년대의 일본과 남북한의 관계는 특히 재일조선인 문제를 둘러싼 긴장이 높아졌다.

제3기는 한국의 경제발전이라는 큰 목표를 위해 일본, 한국, 그리고 미국이 보조를 맞춘 시기이며 그 목표에 따라 한일국교정상화가 실현된다. 이로 인해 1965년에 체결된 한일국교정상화는 현재의 일본과 남북한 관계에 있어서 많은 과제를 남기는 결과를 가져왔다.

이하에서는 이러한 시기 구분에 따라 한일회담의 전개 과정을 살펴보도록 한다.

제1기 패전/해방에서 제1차 회담까지
- 1945년 8월~1952년 4월

일본이 패전한 1945년 8월 이후 미군정하의 남한에서 대일배상요구조사가 시작되었고 한국정부 수립 이후 『대일배상요구조서』(전2권, 1949년)가 완성되었다. 남한 그리고 한국에서는 이른 시기부터 일본의 배상자금을 통한 경제 발전이 검토되고 있었다. 1949년 4월에 체결된 한일통상협정은 이승만 정권이 한일 경제 '재결합'을 통해 경제를 발전시키려는 것이 목적이었다.[1] 또한 미국에서도 1949년에 대한원조공여를 결정하자 육군성, 경제협력국, 국무성이 한일경제통합 방식을 모색했다.[2] 이처럼 한미 당국은 일본과의 관계 개선을 통해 한국의 경제 발전을 검토하고 있었다. 소련군이 점령하고 있던 북한에서는 일본인의 재산 접수 등이 이루어지고 있었는데, 그 후에 수립된 북한정부가 대일배상요구조사를 어떻게 실시했는지는 밝혀지지 않고 있다.

한편 일본에서는 외무성, 대장성이 중심이 되어 연합국과의 강화조약 체결을 위한 준비작업으로 전후 처리 문제를 연구하고 있었다. 외무성의 부속 기관인 평화조약문제연구 간사회가 1949년 12월에 「할양지에 관한 경제적 재정적 사항 처리에 관한 진술」을 정리했다. 또한 대장성 관리국의 부속 기관인 재외재산조사회는 1950년 7월까지 『일본인의 해외활동에 관한 역사적 조사』(전 35권)를 작성했다. 이러한 연구 활동은 연합국의 배상 요구에 대응하기 위해서 전전의 "일본 및 일본인의 재외 재산 생성 과정"이 "제국주의 발전사가 아닌 국가 혹은 민족 침략사"도 아닌 "정당한 경제활동"이라고 호소하는 것을 목표로 하고 있었다.[3] 즉 일본정부는 전쟁이나 식민지 지배에

---

1) 太田修,「大韓民国樹立と日本—日韓通商交渉の分析を中心に」(『朝鮮学報』第173号, 1999年10月).

2) 李鍾元,「戦後米国の極東政策と韓国の脱植民地化」(『近代日本の植民地 8 - アジアの冷戦と脱植民地化』岩波書店, 1993年).

대한 배상보다도 일본 국내의 경제 발전을 우선시키는 방침이 었다고 말할 수 있다.

1950년 6월에 한국전쟁이 발발하고 남북한 군대에 더해 미국, 일본, 중국, 소련이 직접 또는 간접적으로 전쟁에 관여하고 있었던 와중에 대일강화조약이 1951년 9월에 조인되었다. 그 후 미국은 일본과 한국 및 중화민국 간의 국교정상화 교섭을 시사한다. 이것은 미국이 미일안보조약 동맹국인 일본을 한국 및 대만과 연계시키는 움직임이었다는 것이 분명했다. 한국, 미국, 일본, 대만의 정권 모두 소련, 중국, 북한이라는 공산주의권 위협에 대항하기 위한 결속이 필요했던 것이다. 그러나 장제스(蔣介石)가 이끄는 국민정부가 대일 구상권을 포기하고 이를 통해 일본과 중화민국이 국교정상화를 실현시켰지만, 한일회담은 대일강화조약 발효 때까지 타결되지 않았다.

한일 양국의 교섭 자세가 결정적으로 달랐던 점은 식민지 지배 인식을 둘러싼 문제였다. 이를 둘러싼 논의가 가장 날카롭게 대립한 것은 제1차 회담(1952년 2월 15일~4월 15일)의 재산청구권위원회였다. 논의의 초점은 일본 측의 재조일본인 재산에 대한 청구권(이하 대한청구권)의 인정 여부였는데, 그 배경은 다음과 같다.

먼저 대일강화조약 제4조 a항에는 일본과 구식민지에 있는 당국 간의 재산 및 청구권에 대해서 양자가 토의한다는 취지

---

3) 在外財産調査会編 『日本人の海外活動に関する歴史的調査』 總目録, 1950年, p.3.

가 규정되었다. 또한 같은 조 b항에는 일본이 구식민지에 있는 미군정이 실시한 재산처리의 효력을 승인한다고 규정되어 있다. 이와 같이 대일강화조약에 따르면 청구권 문제는 한일 양국의 의제가 되었지만, 일본이 재조일본인 재산에 대해서 주장을 할 수 없었다.

한국 측은 1952년 2월 20일에 열린 재산청구권위원회 제1회 회합에서 『대일배상요구조서』의 내용 및 대일강화조약 제4조의 규정을 근거로 「한일 간 재산 및 청구권 협정 요강」을 제출했다. 이에 대해 일본 측은 3월 6일에 열린 제5회 회합에서 「한일 간에 결정해야 할 재산 및 청구권 처리에 관한 협정 기본 요강」을 제출하고 대한청구권을 주장했다.

한국 측은 당연히 이에 대해 항의했다. 제1회 회합에서 임송본 대표가 말한 바와 같이 한국 측은 미군정의 재조일본인 재산 접수 및 한국정부에 대한 양도가 대일강화조약 제14조에 규정된 배상과 비슷한 조치이며, 일본 측이 이 재산에 대해 청구권을 주장할 수 없다고 주장했다.[4] 한편 일본 측은 대일강화조약 제4조 b항에 따라 미군정의 조치를 "승인한다"고 하면서도 헤이그 육전법규 제46조의 사유재산몰수금지조항을 이유로 처분된 사유재산의 대가(対價) 및 과실(果実)에 대한 청구권을 가진다고 반론했다.[5] 일본 측의 주장이 전술한 전후 처

---

4) 「제1차 한일회담(1952.2.15-4.21) 청구권분과위원회 회의록, 제1-8차. 1952.2. 20.-4.1」한국정부공개문서, 등록번호 86(이하 한국외교문서 86), p.16.

5) 「日韓会談第5回請求権委員会議事要録」日本政府公開文書, 文書番号 1181(이하 日本

리 문제 연구를 근거로 한 것은 분명하다. 즉 이 주장의 대립은 대일강화조약 제4조 b항을 둘러싼 해석 문제로 반복되었는데, 그 근거에 있었던 것은 식민지 지배가 정당한 행위였는지, 전쟁 배상에 해당하는 착취 행위였는지라는 인식의 차이에 있었다고 말할 수 있다.

한편 기본관계(필자 주: '기본관계'라는 용어는 한국 측이 '과거를 청산하기 위한 실질적인 평화조약' 체결을 강조하면서 '우호조약'을 대신하여 '기본조약'이라는 명칭을 제안했고 일본 측이 이를 받아들인 경위가 있다)는 구조약 무효확인조항을 둘러싼 대립만이 남겨져 있었다. 또한 법적지위는 강제퇴거의 기한과 조건을 제외하고 타협점이 거의 보이고 있었다. 그러나 청구권 문제의 원칙적인 대립이 해소되지 않았고, 게다가 1952년 1월에 이승만 정권이 한국 연안에 선언한 평화선(이승만 라인) 문제(11쪽 참조)가 대두하면서 한일회담의 타결은 한층 더 곤란해졌다.

이 시점에서 한국정부가 일본 측에 청구권 문제에 대해 양보한 것은 없었다. 당시 한국정부는 미국의 지원하에 한국전쟁을 하고 있었으며, 미국의 지원을 얻을 수 있다는 전망이 있었다. 미일안보조약의 체결로 한국전쟁에 참가한 재일미군기지는 일본의 독립 이후에도 건재했다. 이로 인해 한국정부는 중국 대륙에서 대만으로 밀려나 어려운 상황에 있었던 중화민국정

外交文書 1181), p.6.

부와는 달리 오히려 불리한 조건으로 대일 관계를 개선할 필요가 없었다. 한편 한국전쟁에서 전쟁 특수를 누리던 일본정부도 한국정부의 대일청구권에 즉시 응해 국교정상화를 하기보다 전후 처리 문제를 뒤로 미루고 자국의 경제 발전에 전념하는 것을 우선시했다.

제2기 1950년대의 한일회담
- 제2~4차 회담(1953년 4월~1960년 4월)

한일회담은 대일강화조약 발표를 기점으로 중단되고 재개되기까지 약 1년의 시간을 필요로 했다. 미국무성은 회담 중단 직후 일본정부의 대한청구권과 관련하여 한국정부가 요청한 대일강화조약 제4조 b항에 대해 견해를 제시했다(상세한 내용은 108쪽 <주5> 참조). 이 견해는 일본정부가 재조일본인 재산에 대해 유효한 청구권을 주장할 수 없다는 것, 그렇지만 그것이 청구권 교섭 내용과 관련이 있다는 것이었다. 따라서 이 견해는 일본정부의 대한청구권 주장을 부정하고, 동시에 청구권 교섭에서 한국정부가 재조일본인의 재산 취득을 고려해야 한다는 것이었다. 하지만 일본정부는 교섭이 길어질수록 자국에 유리하다는 판단하에 한국 측의 대일청구권 포기를 목표로 대한청구권을 계속해서 견지했다.6)

한편 한국정부도 주장을 바꾸지 않았다. 제2차 회담(1953년 4월 15일~7월 23일)의 청구권위원회에서 일본 측이 한국 측의 조회에 대해 세 번에 걸쳐 각서를 전달하는 등 약간의 진전이 있었지만,[7] 결국 1953년 10월에 열린 제3차 회담에서 구보타 발언으로 인해 한일회담은 완전히 결렬되었다.

구보타 발언이란 일본 측 수석대표였던 구보타 간이치로(久保田貫一郎) 외무성 특별고문[8]이 10월 15일에 열린 청구권위원회에서 대한청구권 주장과 관련하여 행한 일련의 발언을 말한다. 그 내용은 식민지 조선에서 일본인이 축적한 재산은 정당성뿐만이 아니라 "당시 외교사적으로 봤을 때 일본이(조선으로-필자 주) 진출하지 않았다면 러시아나 중국이 점령하여 현재의 북한과 같이 보다 비참했을 것이다", 「(미국, 영국, 중국의 수뇌가 일본의 영토 문제를 논의하고, 조선의 독립을 결정한 카이로 선언은-인용자 주) 연합국이 전쟁 중에 흥분해서 말한 것」등을 주장한 것이었다.[9]

---

6) 「日韓会談問題の檢討」(アジア局2課, 1952年8月19日付), 日本外交文書 1041.

7) 예를 들어 일본외교문서 693, pp.35~43. 이 각서의 전문(全文)은 「제5차 한·일 예비회담. 일반 청구권소위원회 회의록, 1-13차, 1960-61」, 한국외교문서 718, pp.206~216에서 확인할 수 있다.

8) 구보타 간이치로(1902~1977)는 와카야마현(和歌山県) 출신으로 1924년에 도쿄상과대학(東京商科大学)을 중퇴하고, 외무성 재외연수원에 취임하여 프랑스에 부임한다. 그 후 1939년에 하얼빈 총영사, 1994년에 사이공 총영사 등을 지냈다. 제2차 세계대전에서 일본이 패전한 후 총리청 홋카이도(總理廳北海道) 연락사무국장 등을 거쳐 1953년에 외무성 특별고문 및 제2차 및 제3차 한일회담의 수석대표를 맡았다. '구보타 발언' 이후 1958년에 베트남 특별전권대사, 1962년에 일본국제문제연구소 이사장 등을 맡았다.

9) 「제3차 한일회담(1953.10.6-21) 청구권위원회 회의록, 제1-2차, 1953.10.9-15」, 한국외

1395

구보타 발언의 일부(한국외교문서 97, p.27). "당시 외교사적으로 봤을 때 일본이 진출하지 않았다면 러시아 또는 중국이 점령하여 현재의 북한과 같이 보다 비참했을 것이다"라는 구보타의 발언이 있다.

한국 측은 10월 21일에 열린 본회담에서 이 발언의 철회를 요구했지만, 구보타가 "발언이 잘못되었다고 생각하지 않는다" 라고 말하면서[10] 한일회담은 결렬되었다. 또한 구보타 발언은 일본의 국회나 미디어에서 어떠한 비판도 받는 일이 없었다. 이와 같이 이 단계에서 회담을 결렬로 이끈 것은 일본 측의 대한청구권 주장이며 그 근저에 있는 식민지 지배 인식의 문제였다.

회담 결렬 후에도 미국이 한일회담 재개를 위해 중개를 위한 움직임이 보였지만 그러한 활동들은 모두 성과를 올리지 못했다. 그사이 평화선 '침범'으로 인한 일본어선 나포 문제, 독도 영유권 문제, 강제퇴거처분에 따른 오무라 수용소(大村収容所) 송치 재일조선인 문제 등 한일 간의 현안들이 발생했다. 이러한 상황 속에서 한일 양국의 외무 관료들은 한일회담 재개를 위해 여러 차례 회합을 가지고 있었다. 주요 의제는 억류자 상호 석방 문제와 구보타 발언, 대한청구권 철회 문제였다.

이러한 현안들의 합의 내용은 1957년 12월 31일의 한일공동선언을 통해 분명해졌고 한일회담도 재개하기로 했다. 일본 측의 대한청구권 철회는 전술한 미국무성의 견해에 따르는 형태로 이루어졌다. 해당 선언과 함께 관련 의사록에서 한일 양국

교문서 97, pp.24〜35.

10) 「제3차 한일회담(1953.10.6-21) 본회의 회의록 및 1-3차 한일회담 결렬경위, 1953.10.12」, 한국외교문서 95, p.65.

은 이 견해가 청구권의 상호 포기를 의미하지 않는 것으로 합의하고 있다. 하지만 후지야마 아이이치로(藤山愛一郎) 외상은 공동선언 발표 하루 전에 열린 각의에서 "일본 측은 한국 측의 막대한 요구에 대해 미국 각서의 취지(필자 주=전술한 미국무성이 한국정부의 요청에 응해 대일강화조약 제4조 b항에 대해서 제시한 견해)를 원용해서 실제적으로 대항할 수 있다"고 말하면서 한국 측의 청구권 감쇄가 목표라는 것을 시사했다.[11]

이리하여 한일회담 최대의 현안이었던 대한청구권 문제는 일본 측이 이를 철회하는 것으로 타결되었다. 그런데 1958년 4월에 제4차 회담(1958년 4월 15일~1960년 4월 15일)이 시작되자 재일조선인 귀국 운동이 세계의 이목을 끌었다. 1959년 8월에 「일본 적십자사와 조선민주주의인민공화국 적십자회 간의 재일조선인 귀환에 관한 협정」(캘커타 협정)이 체결되고, 같은 해 12월에 재일조선인들을 태운 첫 번째 배가 니가타(新潟) 항을 출발했다. 귀국 운동이 순조롭게 진행되는 가운데 모든 재일조선인들을 한국국민으로 여기고 있는 한국정부는 이것을 '북송'이라고 부르며 시종일관 반대했다.

제4차 회담은 중단과 재개를 반복하면서 한국정부가 귀국 운동을 저지하려는 시기였다. 그러나 주로 논의되었던 '재일조선인' 법적지위 위원회에서 재일조선인의 한국 귀국을 위한 협정 체결을 우선시하는 한국 측과, 다시 현안이 된 억류자 상호

---

11) 「十二月三十日閣議における藤山大臣發言要旨」, 日本外交文書 1528, p.47.

송환을 우선시하는 일본 측이 대립하면서 아무것도 합의되지 않았다. 이와 같이 제4차 회담은 당초 일본 측의 대한청구권 포기가 실현되면서 청구권 문제를 포함한 현안들이 논의될 것으로 예상되었다. 그러나 회담은 결국 타결의 실마리조차 찾지 못한 채 1960년, 한국의 4월 혁명(필자 주=1960년 4월 19일에 일어난 학생 운동을 정점으로, 같은 해 3월에서 4월까지 진행되어 이승만 정권을 쓰러뜨린 일련의 반독재민주투쟁)으로 인해 중단되었다.

그런데 일본정부는 한일회담을 진행하는 한편 버마, 필리핀, 인도네시아, 남베트남 등의 동남아시아 국가들과 차례로 배상 협정을 맺었다. 일본이 구상국에 역무(일본 측이 제공하는 노동) 및 생산물(돈이 아닌 물건)을 배상으로서 공여하는 방식이 이러한 협정에서 채택되었다. 또한 라오스 및 캄보디아와의 경제기술협력협정에서는 구상권 포기와 경제협력 실시가 병기되었다.

즉 동남아시아 국가들에 대한 일본의 배상은 오로지 경제협력이었으며 개인 피해에 대한 보상에는 전혀 쓰여지지 않았다. 외무성 내에 설치된 배상문제연구회가 『일본의 배상―그 현황과 문제점』을 간행했는데, 이에 따르면 "원래 배상은 전쟁 중 우리나라가 입힌 손해와 고통의 보상"이라고 하면서도 구상국과의 정치적·경제적 관계의 기초를 쌓고, 이와 함께 구상국의 경제발전에 기여하는 것으로 "구상국 국민의 대일 감정 호전

을 도모"하기 위한 것이었다.[12]

동남아시아와의 배상 교섭에서도 해당 국가의 경제발전에 기여하는 것으로 반공체제를 강고히 한다는 큰 목표가 있었다. 그러나 동일한 목표를 가진 한일회담이 진전되지 않았던 원인은 어디에 있었던 것일까.

첫째, 일본의 독립 이후에도 한일 양국이 기본적인 교섭 태도를 조정하지 않고 타결을 위한 '유효'한 행동을 보이지 않았던 것에 있다.

둘째, 역시 식민지 지배 인식을 둘러싼 문제이다. 구보타 발언으로 인해 회담이 결렬된 후에 구보타 발언 및 대한청구권 철회라는 합의가 겨우 성립되었다. 하지만 양국의 식민지 지배 인식이 변한 것은 아니었다.

셋째, 식민지 지배 결과로 형성된 재일조선인을 둘러싼 문제이며 구체적으로는 귀국 운동이 한일회담의 저해요인으로 대두했다. 이와 같이 1950년대의 한일회담은 식민지 지배를 원인으로 하는 문제들에 대해서 한일 정부 당국이 대처하지 못하고 타결의 조짐마저 보이지 않은 채 계속해서 표류했던 것이었다. 하지만 전술한 일본과 동남아시아 국가들 간의 배상 교섭 내용은 드디어 1960년대의 한일회담으로 크게 파급되었으며, 그 의미에서 한일회담 타결의 원형을 제시한 것으로 이해할 수 있다.

---

12) 賠償問題研究会編『日本の賠償──その現状と問題点』外交時報社, 1959年, p.20.

제3기 1960년대의 한일회담

- 제5~7차 회담(1960년 10월~1965년 6월)

　북한이 한국전쟁 이후 순조롭게 경제 발전을 이뤄가는 한편, 한국에서는 이승만 정권 붕괴 이후 성립된 장면 정권, 박정희 정권이 경제개발을 위해 본격적으로 대일 관계 개선을 내세웠다. 그 배경에는 대한 원조를 계속해 왔던 미국의 재정 악화가 있었는데 미국의 대한 원조가 1957년을 최고조로 점차 감소하고 있었다. 그로 인해 1960년대의 한국정부는 이전보다 미국과 일본의 관계를 축으로 하는 경제발전을 절박한 과제로 삼았다. 일본의 이케다 하야토(池田勇人) 정권, 미국의 케네디(John F. Kennedy) 정권은 4월 혁명 이후 성립한 장면 정권뿐만이 아니라 1961년 5월 16일에 육군 장교들의 군사 쿠데타로 성립한 박정희 정권도 지지하면서 한국의 경제발전을 서둘렀다. 이 시기의 한일회담은 이러한 배경 속에서 청구권 문제나 어업 문제를 비롯한 1950년대에 나타났던 여러 가지 타결 저해 요인의 '소거'가 추구되면서 타결로 향했다. '소거'라는 말은 문제 해결을 목표로 한다기보다 그것을 교묘하게 애매한 형태로 타결하려는 것을 목표했다는 의미로 사용한다.

　일본의 고사카 젠타로(小坂善太郎) 외상이 1960년 9월에 일본의 외상으로는 처음으로 한국을 방문했다. 그다음 달부터 1961년 5월까지 이루어진 제5차 한일회담(1960년 10월 15일

~1961년 5월 15일)에서 한국정부가 제시한 청구권 내용에 대한 토의가 시작되었다. 이와 병행하여 일본 및 한국정부 내에서 청구권 교섭의 타협점이 모색되었다. 한국정부는 1961년 1월 13일에 청구권관계위원회 관계자를 모아 회의를 진행하고, 청구 근거나 증거 자료 등으로 청구 항목의 강약(强弱)을 검토하면서 일본과의 외교를 통해 청구액수를 확정한다는 방침을 확인했다.[13] 한편 일본정부는 외무성 북동아시아과가 1960년 7월 22일에 기안한 대한교섭방침을 통해 청구권 논의를 "일종의 '보류'"로 삼으면서 "과거의 보상이란 것 없이 장래의 한국의 경제 및 사회복지에 기여한다는 취지"의 대한경제협력을 시행한다는 것을 확인했다.[14]

이리하여 제5차 한일회담 그리고 1961년 10월부터 시작된 제6차 한일회담(1961년 10월 20일~1964년 6월 3일)에서 대일청구권에 관한 구체적인 토의가 이루어졌다. 이케다 총리와 박정희 국가재건최고회의의장의 정상회담이 같은 해 11월에 실현되었고 대일청구권은 법적 근거가 있는 것에 한정한다는 합의가 성립되었다. 이 '법적 근거가 있는 것'은 조선은행을 통해서 반출된 지금·지은, 조선에 본사 또는 사무소가 있었던 법인의

---

13) 「한국의 대일청구권에 관한 한국 측의 견해」 및 「한일회담 일반청구권소위원회 관계자 회의 회의요록」『제5차 한일회담 예비회담. 일반 청구권 소위원회 회의록, 1-13차, 1960-61』, 한국외교문서 718, pp.33~97.

14) 「対韓経済技術協力に関する予算措置について」『日韓国交正常化交渉の記録 總說 7』, 日本外交文書 505-1, pp.59~60.

うことが不可避であり、またわが国にとっても

過去の償いということではなしに、韓国の将来

の経済および社会福祉に寄与するという趣旨

でならば、かかる経済協力ないし援助を

行なう意義ありと認められる。（米国の対韓

経済援助と相俟って、韓国の経済が安定成

長し、ひいては韓国の政派も安定することは

隣国日本にとっても好ましいことであり、当面の

問題としても、韓国経済が安定化への傾向を

みせることは在日朝鮮人の北鮮帰還希望を

手控えさせ、北鮮送還業務を早く終らせる効

GA-6   外務省

「대한경제기술협력에 관한 예산조치에 대해서」(일본외교문서 505-1, p.60)

재일재산, 유가증권, 일본은행권, 징용된 조선인에 대한 미지급금 등의 항목을 포함하고 있었는데, 모두 당시 일본의 법률관계를 전제로 한 채무, 채권과 관계된 것이었다. 하지만 한일 교섭 담당자들은 구체적인 토의를 가능한 한 빨리 끝내고 대한경제협력과 관련한 금액을 절충하고자 했다. 그로 인해 이 토의는 결론을 명확하게 내지 않은 채 중단되었다.

1962년 3월에 열린 한일외상회담에서 제시된 금액은 일본 측이 7,000만 달러, 한국 측이 7억 달러였다. 그 후 사무 레벨에서도 절충을 진행했지만 한일 간의 금액 차이는 쉽게 줄어들지 않았다. 결국 청구권 교섭은 정치적인 해결에 맡겨졌고 1962년 10월과 11월에 열린 오히라 마사요시(大平正芳) 외상과 김종필 중앙정보부장의 회담을 통해 무상경제협력 3억 달러, 유상경제협력 2억 달러, 민간경제협력 1억 달러 이상이라는 타협점이 확정되었다(필자 주=무상·유상경제협력은 정부, 민간경제협력은 기업이 출자한다. 또한 민간경제협력은 그 후의 교섭에서 3억 달러 이상이 되었는데, 최종적으로 10년에 걸쳐 지불되기로 결정되었다. 그리고 1965년 12월에 확정된 1966년도 한국 국가 예산은 약 4.5억 달러, 1965년 일본의 외환준비고는 약 21억 달러였다).[15]

---

15) 1966년의 한국 국가예산은 1,219억 7,268만 9,500원이었으며 1965년 당시의 환율은 1달러=266.41원이었다. 일본의 외화준비고는 정부 및 일본은행이 보유하는 금과 외국환 공식보유고를 가리킨다. 한국은행 경제통계 및 일본 총무성 통계국 자료를 참조했다.

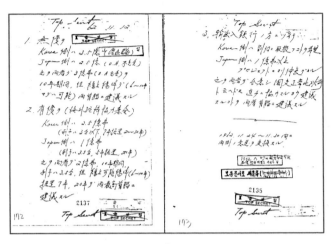

오히라 마사요시·김종필 회담 메모(『김종필 특사 일본방문, 1962.10-11』
<한국외교문서 796, pp.172~173>).

　해당 금액은 대일청구권의 규모를 감안하면서도 한국의 경제발전에 필요한 금액과 일본이 대한경제협력에 쏟아부을 수 있는 가능한 금액이 보다 중요한 지표가 되었다. 이와 같이 전개된 청구권 교섭은 개인청구권을 포함한 대일청구권 및 그 근저에 있는 식민지 지배 인식 문제를 애매하게 하는 작업이었다.[16]

　이리하여 김·오히라 합의로 청구권 교섭이 먼저 타결되었고 이와 병행하여 그 외의 현안들에 대한 '소거' 작업도 급진전되었다. 먼저 1950년대에 한일 관계를 동요시켰던 재일조선

---

16) 장박진, 『식민지 관계 청산은 왜 이루어질 수 없었는가』 논형, 2009년, p.532.

인 귀국 운동은 귀국희망자들이 대부분 귀국했으며, 현지에서 전해 오는 정보를 듣고 귀국을 취소하는 사람들도 있었기 때문에 1962년에 일단락되었다. 또한 한국에 억류되고 있었던 일본인 어부들도 1963년까지 일본으로 전원 송환되었다.

청구권 교섭에 이어서 집중적으로 이루어진 어업 교섭도 평화선 철폐를 전제로 1964년 3월까지 12해리 전관수역, 한일 양국이 공동 관리하는 공동규제수역 설치, 일본의 대한어업협력공여 등이 결정되었다.

재일조선인의 법적지위 문제는 1952년에 일본이 독립하기 이전부터 일본에 거주하고 있는 조선인(협정 1세대)의 자손(협정 2세대)까지 영주를 허가하는 방향으로 논의가 진행되었다 (필자 주= '재일한국인' 법적지위 협정 제1조에 규정되어 있는 자가 '협정 1세대'이다. 즉 (a) 1945년 8월 15일 이전부터 [영주 허가] 신청 때까지 계속해서 일본에 거주하고 있는 자, (b) (a)에 해당하는 자의 직계비속으로서 1945년 8월 16일 이후, 협정의 효력 발생 날까지 5년 이내에 일본국에서 출생하고, 그후 [영주 허가] 신청 때까지 계속해서 일본국에 거주하고 있는 자이다. 그리고 '협정 1세대'의 직계비속이 '협정 2세대'이다).

그러나 한일회담은 1964년에 타결되지 않았다. 왜냐하면 한일회담 교섭 담당자가 애매하게 처리하려고 했던 식민지 지배 인식 문제가 한국 민중들에 의해 다시 제기되었기 때문이다. 1963년 말에 열린 대통령 선거에서 유리한 상황이었음에도 불구하고 신승을 거두고, 민정 이양 이후에도 이어진 박정희 정권은 대규모 '대일굴욕외교반대' 투쟁에 직면했다. 군사정권하에서 쌓이고 쌓인 한국 민중들의 불만은 평화선 철폐, 일본의 대한경제진출에 대한 항의와 함께 군사정권의 부정·부패에 대한 추궁으로 수렴했다. 그리고 이 투쟁은 한일회담에 대한 비판에서 '박정희 정권 하야'를 목표로 하는 반정부운동으로 급속하게 전환했다. 그 결과 1964년 6월 3일에 한국정부가 계엄령을 발동하고 이 운동을 진압한 이른바 '6·3 사태'가 발생하게 된다.

한미 당국은 이를 엄격하게 탄압하고 동시에 '6·3 사태'로 중단된 한일회담을 타결시키기 위한 대응을 검토하게 되었다. 그 결과 한미 양국은 다시 나타난 식민지 지배 인식 문제에 대한 방침으로 '사죄 특사'의 한국 파견을 제안했고, 시이나 에쓰사부로(椎名悅三郎) 외상이 1965년 2월에 방한하기로 했다.

한편 일본은 국교정상화에 앞서 2,000만 달러의 대한긴급원조를 통해 한국의 경제재건을 추진하고, 더 나아가 한국 민중의 대일감정완화를 목표로 했다.

이와 함께 1964년 8월에 미군에 의한 통킹만 사건이 발생하면서 미국의 베트남 전쟁 개입 가능성이 높아지자, 한국이 미군을 지원하기 위해 군대 파견을 검토했다. 또한 이케다 총리가 지병으로 퇴진함에 따라 기시 노부스케(岸信介)의 동생인 사토 에이사쿠(佐藤榮作)가 정권을 잡았고, 한일회담은 다시 속도를 높였다.

1964년 12월부터 제7차 회담(1964년 12월 3일~1965년 6월 22일)이 시작되자 마지막 현안으로 남겨져 있었던 기본관계 관련 논의가 집중적으로 이루어졌다. 주요 논점은 1910년의 한국병합 이전에 한일 간에 체결된 조약 및 협정들이 언제부터 '무효'(null and void)가 되었는지에 대한 구조약 무효확인 조항과 한국정부가 한반도에서 유일한 합법정부라는 유일합법성 조항이었다. 특히 전자는 식민지 지배 인식 그 자체와 관계한 것이었다. 이 조항은 한일 양국이 자신들에게 유리하게 해석할 수 있는 '이미 무효'(already null and void)라는 조문을 작성하는 것으로 식민지 지배 인식 문제의 '소거'를 다시 시도한 것이었다.

또한 제7차 회담에서 처음으로 제기된 유일합법성 조항에 대해서도 한국정부 수립 경위와 관련하여 유엔결의 제195호(Ⅲ)를 가져오는 것으로, 한국정부의 북한 지역 관할권을 애매하게 정하는 형태로 결착이 시도되었다. 유엔결의 제195호(Ⅲ)는 "임시위원단이 감시와 협의를 할 수 있었으며 한국 국민의 절대다수가 거주하고 있는 한국 지역에 대한 유효한 지배권과 관할권을 가진 합법정부(대한민국 정부)가 수립되었다는 것과 동 정부는 동 지역 선거인들의 자유 의지의 정당한 표현이고 임시위원단에 의하여 감시된 선거에 기초를 둔 것이라는 것과 또한 대한민국 정부는 한국 내의 유일한 정부임을 선언"한다는 문언이다. 일본 측은 이 결의를 통해서 관할권이 한반도 남부에 한정된다고 해석했고, 한국 측은 자신들의 합법성이 입증되었다고 해석했다. 이리하여 1965년 2월에 시이나 외상이 방한을 하고 서울에서 한일 기본조약 가조인이 이루어졌다.

그 후 4월 3일에 청구권, 어업, 법적지위에 관한 협정이 가조인되었고 6월 22일에는 한일기본조약 및 부속협정의 조인이 이루어졌다. 그러나 조인 이후 한일 양국에서 격렬한 반대운동이 일어났다. 한국에서 일어난 반대운동은 한국정부가 평화선 철폐와 청구권 문제에 대해 양보한 것뿐만 아니라, 기본조약의 구조약 무효확인 조항에서도 오히려 식민지 지배를 합법화했다고 주장했다. 한편 일본에서 일어난 반대운동은 한일기본조약이 미국을 정점으로 하는 동아시아 군사동맹이자 대한경제 침략의 마중물이며, 남북 분단을 고착화한다고 비판했다. 이는 한국에서 주장하는 것과 같은 식민지 지배에 대한 책임을 지적하는 인식이 전체적으로 결여되어 있었다. 오히려 국회에서 야당 측이 일본정부가 한국에 대해 보다 강경하게 대응할 것을 요구하기도 했다.

한일 양국 정부는 반대운동을 탄압하면서 강경한 국회운영을 통해 해당 조약과 협정들을 가결했고, 12월 18일에 비준서를 교환했다.

이러한 조약 및 협정들의 특징으로 첫째, 한일회담의 의제가 일본의 식민지 지배와 관계한 문제였음에도 불구하고, 이러한 문제의 배경에 있는 과거를 말하지 않는 것이다. 예를 들면 한일 청구권 협정의 전문(前文)에서 "대한민국과 일본국은, 양국 및 양국 국민의 재산과 양국 및 양국 국민 간의 청구권에 관한 문제를 해결할 것을 희망하고, 양국 간의 경제협력을 증진할 것을 희망하여, 다음과 같이 합의하였다"라고 되어 있을 뿐이며 청구권 문제 해결과 경제협력의 관계를 명시하지 않고 있다(필자 주=일본-필리핀 간의 배상협정 제1조에는 5억 5천만 달러를 "배상으로서 필리핀 공화국에 공여한다"고 되어 있다).

한편 동 협정 제2조 제1항에서는 재산청구권 문제가 "완전히 그리고 최종적으로 해결된" 것으로 규정되었다. 또한 문화재 협정 전문에서도 "양국 문화의 역사적인 관계에 비추어"로 되어 있을 뿐이며 이 문제의 배경에 있는 식민지 시기 이전에 조선에서 일본으로 이동한 문화재의 반출 경위에 대해서 일절 언급되지 않았다.

둘째, 한일회담에서 논의된 현안들이 경제협력이라는 형태로 해결되고 있다는 것이다. 전술한 바와 같이 청구권 문제에 대해서는 무상 3억 달러, 유상 2억 달러, 민간경제협력 3억 달러 이상의 경제협력 실시가 정해졌다. 어업 문제에서는 1965년 3월 31일에 이루어진 한일농상공동선언을 통해 청구권 문제와 관련한 민간경제협력 3억 달러 중 9,000만 달러를 어업 관계에 충당한다는 것이 확인되었다. 또한 선박 문제(필자 주=선적 소유를 둘러싼 선박 문제는 당초 청구권, 어업 등과 같이 단독

위원회로 구성되어 논의되었지만, 제4차 회담부터 청구권 문제 일부로 다뤄졌다)에서도 청구권 문제에 준하여 경제협력을 실시하기로 정해졌다.

셋째, 북한정부는 한일회담을 일관되게 반대했다. 김·오히라 회담 후인 1962년 12월 13일에 "일제 침략자들이 조선 인민에게 입힌 모든 피해에 대하여 일본 당국에 배상을 요구할 응당한 권리"를 보유하고 있다는 성명을 발표했다. 또한 한일기본조약 체결 다음 날(1965년 6월 23일)에는 "금번 '한일회담'에서 박정희 도당과 일본 정부 간에 체결된 '조약'과 '협정'들이 무효라는 것을 엄숙히 선언한다"라는 성명을 발표하면서 이에 항의했다. 중화인민공화국 또한 1965년 6월 26일에 한일기본조약을 인정하지 않는다는 성명을 발표했다.

맺음말

한일국교정상화는 대일강화조약 발효에 따라 일본이 독립한 시점에서 달성되지 못했던 동아시아 자유주의 진영의 결속을 실현시켰다고 할 수 있다. 한일국교정상화가 한국의 경제가 발전하는 계기가 된 것을 상기한다면, 이는 냉전의 문맥에서 이해해야 한다. 전술한 바와 같이 일본과 동남아시아 국가들 간의 배상 교섭에서 나타난 경제협력을 통한 배상 문제 타결이라는 구도는 한일회담에서도 반복되었다.

한일회담의 타결을 막은 최대의 요인은 식민지 지배 인식을 둘러싼 절망적인 차이였다. 한일회담의 교섭담당자들은 그 저해요인을 냉전의 문맥에 묻는 것으로 '소거'하려 했다. 즉 한일 양국이 식민지 지배를 둘러싼 인식을 해결하지 않고 각자 유리하게 해석할 수 있는 조문을 작성하거나, 역사 인식을 명문화하지 않는 것으로 문제 그 자체를 '소거'한 것이었다. 또한 교섭담당자들은 한일 양국 안팎에서 발생한 식민지 지배에 대해 책임을 묻는 다양한 목소리를 힘으로 굴복시켰다. 이와 같이 실현된 한일국교정상화는 일본과 남북한을 둘러싼 문제들을 근본적으로 해결하는 것이 아니라, 오히려 현안을 복잡하게 하면서 후대에 해결을 맡기는 결과를 이끌어내게 된 것이다.

「勝訴」の垂れ幕を掲げて笑顔の原告（左から２番目が李容洙さん、４番目が崔鳳泰弁護士）と支援者（２０１２年１０月１１日、東京地裁正門前）

도쿄지방재판소가 외무성에 원칙적으로 외교문서를 공개하도록 명한다는 판결을 전한 「한일외교 문서·전면공개를 요구하는 모임 뉴스」 제33호 (2012년 10월 24일).

칼럼 ① 최근 공개된 한일회담
관련 문서 공개에 대해서

한일회담 관련 외교문서의 공개 상황은 2000년대에 들어서면서 서서히 개선되었다. 그 계기는 한국의 전쟁피해자들의 운동에서 시작되었다. 2002년 2월 10일에 강제동원피해자 100명이 당시 외교통상부에 동 문서의 공개를 요구했고, 2004년 2월에 서울행정법원이 원고 일부 승소판결을 내렸다. 이에 2005년 1월 및 8월에 외교통상부가 약 3만 6,000장의 한일회담 관련 외교문서를 공개한다.[17] 원고들은 식민지 시기에 일본군 '위안부', 여자근로정신대, 군인, 군속, 노동자 등으로 강제 동원되었고, 혹은 미쓰비시 공업, 일본 제철 등의 일본 기업에서 강제 노동을 했었다. 또한 우키시마호(浮島丸) 폭침,[18] 원자폭탄에 의해 생명, 신체, 재산상의 피해를 입었던 사람들과 그 유족들이다.

이를 계기로 일본에서도 강제동원 피해자와 일본 시민으로 구성된 '한일외교 문서·전면공개를 요구하는 모임'이 외무성에 정보공개요구를 청구했고, 도쿄지방재판소는 2007년 12월

---

17) 金昌祿, 「韓国における韓日過去清算訴訟」(『立命館国際地域研究』 第26号, 2008年2月).

18) 1945년 8월 24일, 교토부(京都府) 마이즈루만(舞鶴灣)에서 해군으로 사용되고 있었던 우키시마호(浮島丸)가 폭발하여 침몰했다. 우키시마호는 아오모리현(青森県) 오미나토항(大湊港)에서 조선인 징용공을 태우고 부산으로 회항하는 도중에 침몰했는데, 일본정부는 조선인 3,735명이 승선했고 폭발로 인한 사망자는 524명이라고 발표했다. 그러나 승선자 명부가 공표되지 않았고, 조선인 6,000~8,000명이 승선하고 있었다는 증언도 있어 정확한 승선자와 사망자 수는 밝혀지지 않았다.

에 정보공개의 취지에 비추어 신속하게 해당 문서 공개를 결정해야 한다는 판결을 내렸다.[19] 이 판결에 따라 외무성이 보관하고 있는 약 6만 장의 문서들이 2008년 5월까지 공개되었다. 또한 도쿄지방재판소는 2012년 10월 11일에 작성된 지 30년 이상이 경과한 문서를 원칙적으로 공개할 것을 외무성에게 명했고 이를 통해 더 많은 정보가 공개되었다.

한일 양국에서 공개된 약 10만 장의 새로운 문서는 조약·협정안, 회의록, 신문 잡지 기사부터 회의용 자료, 관계부처 및 부처 간 회의 기록, 메모까지 다양했다. 이 중 한국정부가 공개한 문서는 회의록 및 회의용 자료 등이 중심이었고, 관계 부처 및 부처 간 회의 기록 등 이른바 내부 자료가 차지하는 비중은 비교적 낮았다. 그러나 사료 그 자체는 모두 공개되어 있기 때문에 이용하기 쉽다. 일본정부가 공개한 문서는 한국정부 공개 외교문서와 비교하면 내부 자료가 많은 것이 특징이다. 그러나 현재의 한일 관계, 북일 관계와 관련 있는 독도 영유권, 문화재, 재산청구권에 관한 것을 중심으로 공개하지 않은 부분이 많이 때문에 이용하기 어려운 측면이 있다. 하지만 공개된 외교문서를 활용한 연구는 앞으로도 계속 진행될 것으로 기대된다.

---

19) 「平成18年(行ウ) 第703号 公文書不開示決定処分取消等請求事件 判決要旨」.

칼럼 ② '배상'과 '보상'의 차이

일반적으로 '배상'(Reparation)도 '보상'(Compensation)도 손실보전을 의미하는데, 배상은 위법행위에 따른 손실에 대해 그 손해를 메꾸는 것을 의미하고 보상은 적법 행위에 따른 손실에 대해 사용된다. 또한 국제관계의 문맥에서는 제1차 세계대전 후에 체결된 베르사유 조약의 규정에 따라 민간인들이 입은 피해를 회복하기 위한 '보상'이라는 개념이 생겼다.

대일강화조약 제14조에 일본의 전쟁배상이 규정되어 있지만, 식민지 지배 문제는 배상할 만한 사례로서 동 조약에 명기되어 있지 않다. 단 한국정부도 북한정부도 일본의 식민지 지배에 대한 불법성을 묻고 있기 때문에 그 문맥에서 '배상'이라는 용어를 사용하는 것도 가능하다.

또한 대일강화조약 제4조의 '청구권'(Claim)은 '배상'이나 '보상'과 같은 정의가 내려져 있지 않다. 이른바 '피해나 손실에 대해서 청구할 정당한 권리'로 정의할 수밖에 없는 용어이다. 이것은 대일강화조약이 일본과 연합국 간의 전쟁상태를 종결시키기 위한 조약이며 식민지 지배에 대한 책임을 묻는 정신이 결여되어 있는 것에 기인한다.

칼럼 ③ 구종주국과 구식민지의
국교수립과 배상 문제

구종주국과 구식민지 간의 국교 수립에는 다양한 사례가 있다. 먼저 이탈리아의 침략으로 식민지가 된 에티오피아는 제2차 세계대전에서 영국군이 이탈리아군을 이긴 후, 영국군정을 거쳐 독립을 회복했고 1947년 2월에 이탈리아와 강화조약을 체결했다. 그 결과 이탈리아는 에티오피아의 주권과 독립을 존중하고 에티오피아에 2,500만 달러를 배상했다.

하지만 제2차 세계대전에서 일본과 싸운 연합국과 그 식민지의 사례를 보면 구식민지 측이 부담을 강요당한 경우가 많다. 아이티는 해방을 요구하는 흑인노예들의 봉기를 계기로 1804년에 프랑스에서 독립했는데, 이에 대해 프랑스는 1825년에 노예를 소유하고 있던 프랑스인들에게 배상금으로 1억 5,000프랑을 지불시킬 것을 약속했다. 이 금액은 당시 아이티의 10년분에 해당하는 세입액이었다. 결국 이 배상금은 전액 지불되지 않았고, 감액된 후 1883년에 겨우 지불이 끝났다. 또한 영국의 최대 식민지였던 인도는 1947년 8월에 파키스탄과 분리되면서 독립하게 되었다. 에티오피아의 독립을 도운 영국이었지만, 제2차 세계대전에서 피폐해지면서도 자국의 식민지 지배가 계속되기를 고집했고 그것이 불가능하다고 판단했을 때 독립을 인정했다.

식민지 지배를 고집한다는 점에서 말하자면 서구열강들도 영국과 동일했다. 인도네시아는 종주국인 네덜란드와의 독립전쟁을 통해서 1949년 12월에 독립을 달성했다. 베트남도 종주국인 프랑스와 싸워 1954년 7월에 제네바 협정에 따라 북위 17도선에서 남북이 분단된 채 독립했다.

그러나 2001년 8월부터 9월에 걸쳐 남아프리카 공화국의 더반에서 이루어진 '인종주의, 인종차별, 외국인 배척 및 이와 관련한 불관용에 반대하는 세계회의'(이른바 더반 회의)는 약 150개국에서 정부, NGO 관계자 등 8,000명이 모인 가운데, 노예제도나 노예무역, 식민지주의 등이 인도주의에 반한다는 것을 규정한「더반 선언」및 행동계획을 채택했다. 이것을 계기로 식민지 지배 책임을 묻는 움직임이 세계 각지에서 나타났다.

독일의 식민지였던 나미비아에서는 1904년과 1908년에 현지 주민인 헤레로(Herero)족과 나마(Nama)족에게 학살 등을 자행한 독일군과 독일 기업의 잔학행위에 대해 사죄와 보상을 요구하는 운동이 확대되고 있다. 또한 전술한 아이티에서는 아리스티드(Jean-Bertrand Aristide) 대통령이 2002년부터 2004년에 걸쳐 프랑스인 노예소유자에 대한 배상금 반환과 보상을 프랑스에 요구했다. 이에 대해 독일정부는 나미비아에 대한 개발원조를 이유로 사죄와 보상요구를 거부하고 있다. 프랑스정부 또한 2004년 1월에 정리한 보고서에서 노예제도 및 노예무역을

'인도주의에 대한 죄'라고 인정하면서도 금전적인 '보상'의 대상으로 인정하지 않고 있다.

하지만 구종주국이 식민지 지배의 죄를 인정한 사례도 있다. 2008년 8월 30일에 리비아에서 체결된 이탈리아·리비아 우호협정으로 이탈리아는 리비아에 대한 식민지 지배(1911-43년)를 사죄했고, 그에 대한 배상으로 25년간 총액 50억 달러의 투자를 하게 되었다. 또한 영국의 헤이그(William Hague) 외무 장관은 2013년 6월 6일에 의회에서 1952년부터 1960년까지 행해진 케냐의 반식민지 독립운동 '마우마우 항쟁'(Mau Mau Uprising)에서 약 3만 명이 사망한 탄압에 대해 유감을 표명하고, 피해자 5,228명에게 총액 1,990만 파운드의 보상금을 지불하기로 했다. 영국정부는 이에 대해 공식적인 사죄를 하지 않았고 다른 식민지와의 관계에서 전례가 되지 않는다고 표명하고 있다.

그러나 식민지 지배하의 인권 침해나 식민지 지배의 책임을 묻는 세계적인 움직임은 계속되고 있다. 네덜란드 빌럼 알렉산더르(Willem Alexander) 국왕이 2020년 3월 10일에 인도네시아 독립전쟁 당시에 일어난 주민학살사건에 대해 사죄했다. 같은 해 10월 19일에 네덜란드 정부는 네덜란드군에 의해 처형당한 인도네시아 주민의 아이들에게 5,000유로(약 600만 원)씩 배상금을 지불하겠다고 발표했다. 한편 2021년 1월 20일, 프랑스 파리 제8대학 교수이자 역사가인 벤자민 스토라(Benjamin Stora)가 2021년

1월 20일에 에마뉘엘 마크롱(Emmanuel Macron) 대통령에게 프랑스·알제리 전쟁을 중심으로 한 프랑스·알제리 간의 기억을 둘러싼 화해에 관한 보고서를 제출했다. 앞으로도 세계 각지에서 식민지 지배의 책임에 대한 논의가 이어질 것이다.

칼럼 ④ 한일 관계에 대한 미국의 중개

제2차 세계대전 이후의 동아시아 국제관계는 미국의 존재를 빼놓고는 말할 수 없다. 특히 한일 관계는 지금도 미국 없이는 성립되지 않는다고 말해도 과언이 아니다.

미국은 제2차 세계대전 중에 시작된 미소 냉전을 유리하게 전개하기 위해서 다른 국가들보다 한일국교정상화를 원했다. 당초 일본이 패전한 이후 일본과 남한을 점령한 것은 미군이었다. 당시 중국에서는 중화인민공화국의 승리로 내전이 끝났고, 베트남에서는 프랑스군과 독립전쟁을 계속해 오던 베트남민주공화국이 공산권에 접근했으며, 한반도에서는 한국전쟁이 발발했다. 미국은 일본을 비군사화, 민주화시키는 것보다 반공의 요새로서 독립시키기를 서둘렀으며 일본, 한국, 중화민국을 연계시키려고 했다.

그러나 한일회담은 계속된 대립으로 좀처럼 진전되지 않았다. 미국은 청구권 문제나 독도 영유권 문제 등에 말려드는 것을 주의 깊게 회피하면서 한일 양국 간의 조정자 역할에 임했다. 특히 미국은 '구보타 발언'으로 한일회담이 중단되자, 즉시 한일회담 재개를 위해 한일 양국에 압력을 가했다. 1960년대에 한일회담이 진전되는 가운데 미국의 국무성, 특히 주일대사와 주한대사가 한일 간의 입장을 조정하는 데에 큰 역할을 했다.

한편 일본이나 한국도 한일회담을 유리하게 진행하기 위해서 미국을 이용했다. 즉 한일 양국은 미국과의 협의를 통해서 자신들의 입장을 제시하고 미국을 끌어들이면서 상대방과의 교섭을 이어갔다.

냉전이 끝난 지금도 일본과 한국에 있는 미군기지가 상징하듯이 한일 양국은 대미 관계를 가장 중시하고 있으며, 미국에 대한 배려를 최우선시 하면서 한일 관계를 조정하고 있다. 이러한 의미에서 한일 관계는 한미 관계 및 미일 관계의 종속변수라고 말할 수 있다.

제2장

한일병합조약은
언제부터 '무효'인가
- 기본관계

한일기본조약은 전문과 7개의 조항으로 구성되어 있다. 이 중 특히 초점이 되는 것은 본문 제2조(구조약 무효확인 조항)와 제3조(한국정부의 유일합법정부 확인 조항)이다. 제2장에서는 이 두 가지를 중심으로 논의를 검증한다.[1]

제2조는 한국병합, 즉 일본이 조선을 식민지화한 1910년 8월 22일 이전에 한일 간에 체결된 모든 조약 및 협정이 '이미 무효'(already null and void)임을 확인하는 조항이다. 일본정부는 '이미'라는 용어에 대해 체결 당시에는 해당 조약 및 협정이 국제법상 '유효'했다고 설명했고, 한국정부는 '무효'(null and void)라는 표현에 따라 당초부터 '무효'였다고 설명했다.

또한 제3조는 한국정부가 '한반도에서의 유일한 합법정부'라는 것을 확인하는 조항이다. 단 조문에 있는 유엔 총회 결의안 195호(Ⅲ)(47쪽 참조)은 한반도 남부에서만 유엔의 감시하에 선거가 이루어졌으며, 한국정부가 수립된 경위를 포함하여 한국정부의 합법성을 인정하는 내용이다. 한국정부는 일본정부

---

1) 기본관계 교섭의 자세한 경위는 古澤文寿,「日韓国交正常化交渉における基本関係交渉」(浅野豊美・木宮正史・李鍾元編『歴史としての日韓国交正常化 Ⅱ 脱植民地化編』, 法政大学出版局, 2011年) 참조.

가 한국정부의 관할권이 남부에만 미친다고 설명한 것에 대해 유엔결의가 한국정부의 관할권을 제한하는 것은 아니라면서 한반도에 대한 관할권을 주장했다.

제1장에서 한일회담의 전체적인 시기 구분을 했는데, 각 의제에 초점을 맞추면 이와 다소 다른 구분이 필요해진다. 따라서 제2장에서는 기본관계 교섭을 다음과 같이 세 시기로 구분한다.

한일 양국이 제출한 조약안을 기반으로 구체적인 논의가 이루어진 제1기(1952년 2~4월), 기본관계 교섭이 진전되지 않았던 제2기(1952년 4월~1964년 12월), 한일 양국이 다시 조약안을 제시하고 논의하면서 한일기본조약이 체결된 제3기(1964년 12월~1965년 2월)로 나누어 각 시기의 교섭 내용을 검증한다.

1. 구조약 무효확인 조항을 둘러싼 격론
　ー제1기의 기본관계 교섭(1952년 2~4월)

한일 양국의 사전준비

한국정부는 1951년 9월에 열린 샌프란시스코 강화회의에 서명국으로 참가하기 위한 준비를 하고 있었다. 한국의 주일 대표부는 1950년 10월에 작성된 「대일강화조약에 관한 기본태도와 그 법적 근거」에서 '한일합방조약 무효론'을 전개했다

(필자 주=주일대표부는 1949년 1월 10일에 도쿄에 설치되었고 국교정상화 이전에 대사관의 역할을 했다. 특히 주일대표부는 GHQ가 일본을 점령하고 있던 시기에 일본에서 점령 당국이나 일본정부와 교섭하는 일이 많았다). 즉 제2차 한일협약 체결 당시의 조약 체결 당사자인 대한제국정부 관료에 대한 위협, 그리고 동 조약 체결에 따른 외교권의 박탈, 제3차 한일협약에서 군대를 해산시켜 한국을 군사적으로 점령한 상태로 한국병합조약을 체결한 일본의 강제성을 논하고, 1910년에 체결된 한국병합조약이 체결 당초부터 무효라고 주장했다.[2]

한편 일본정부는 재일조선인을 일본 독립 후에 한국 국적을 보유한 자로 하여 한일기본조약을 체결하고, 대일강화조약 발효 시에 외교관계를 설정한다는 방침을 세우고 있었다.[3] 여기에서 주목하고 싶은 점은 일본정부가 대일강화조약을 통해 한국의 독립을 승인했다는 견해이다. 일본정부는 식민지 시기에 일본 국적 보유자였던 재일조선인을 한국국적 보유자로 간주하기 위해서 대한민국의 독립을 승인할 필요가 있다고 생각했던 것이다(재일조선인의 법적지위 문제는 제4장에서 자세하게 검토한다).

---

2) 「한・일회담 예비회담(1951.10.20-12.4) 자료집: 대일강화조약에 관한 기본태도와 그 법적 근거, 1950」, 한국외교문서 76, p.17.

3) 「対韓折衝方式について考え得る三案」(1951年10月11日付, 外務省), 日本外交文書 1625.

二. 韓國合邦條約의 無效

一九一〇年 八月 二二日 韓日合邦條約이 締結되었다. 韓日合邦條約의 國際法上 無效

一九一〇年 八月 二二日 韓國이라고 國家가 主權을 喪失하고 …

…韓國의 外交權과 行政權을 … 一九〇五年 十一月 十七日 … 即 日本外交黃報 第九卷 … 第五号 「韓日條約과 類別 問題」…

483

60022

「자료집: 대일강화조약에 관한 기본태도와 그 법적 근거」(한국외교문서 76, p.17)
한국병합조약의 무효를 논하고 있다.

이상과 같이 한일 양국의 사전 준비를 거쳐 샌프란시스코 강화회의가 끝난 후인 1951년 10월부터 한일회담의 예비교섭이 시작되었다. 옵저버인 연합국군 최고사령관 총사령부(GHQ/SCAP=General Headquarters, the Supreme Commander for the Allied Powers)가 제시한 「재일조선인의 법적지위」 및 「한일 간의 현안에 관한 이국 간 교섭을 위한 의제 작성과 교섭방법의 연구」가 주요 의제였다. 일본 측은 재일조선인의 법적지위 문제를 해결한 후에 외교 및 통상항해 관계수립을 목표로 했다. 역으로 말하자면 외교관계를 수립한 다음에 해결해야 할 현안은 재일조선인의 법적지위 문제뿐이었다. 한편 한국 측은 대일강화조약 발효 전에 모든 현안을 해결한 후 일본과 외교관계를 수립하는 것을 목표로 했다.[4]

한일 양국이 제시한 조약안

제1차 회담 당시 일본 측은 1952년 2월 16일에 열린 본회의에서 「일본국과 대한민국 간의 우호조약 초안」을 제출했고 이후 기본관계위원회에서 토의되었다. 이 초안의 전문 첫 부분에 "일본국은 1951년 9월 8일에 샌프란시스코시에서 서명된 일본국과의 평화조약 규정에 따라, 일본은 한국의 독립을 인정하고 제주도, 거문도 및 울릉도를 비롯한 한국에 대한 일체의 권리와 소유권 및 청구권을 포기한다"라는 대일강화조약 제2

---

4) 위의 문서, p.82.

조 a를 대부분 인용하면서 일본의 한국 독립 승인을 명시했고,
3단에서는 "양국은, 양국 간의 새로운 관계 발생에서 유래하는
각종 현안을 화협의 정신 및 정의와 형평의 원칙에 따라 신속
하게 해결할 것"을 언급했다. 본문의 내용 또한 대일강화조약
의 조문 등을 인용하면서 한일 간의 현안들에 대한 해결 원칙
을 제시한 것이었다.

이에 대해 한국 측은 3월 5일에 열린 기본관계위원회에서
「대한민국과 일본국 간의 기본조약(안)」을 제시했다. 한국 측
은 일본 측의 제1차 조약안을 사용하면서도 한국 측의 독자적
인 조문으로 제1조 "대한민국은 일본국이 독립한 주권국가임
을 승인한다"와 제3조 "대한민국 및 일본국은 1910년 8월 22
일 이전에 대한제국과 일본제국 간에 체결된 모든 조약 및 협
정이 무효임(are null and void)을 확인한다"를 삽입했다.5) 외
무성은 한국 측의 조약안을 부처 내에서 검토한 후 제1조와
제3조의 삭제를 요구하기로 결정했다.6)

이 안에 대한 외무성 내부 의견으로 외무성 조약국 제4과장
인 오사토 마사오(大鄕正夫)가 작성한 「기본관계위원회 한국
측 제안(제1조 및 제3조)에 대한 의견」은 특히 주목할 만한다.
오사토는 제1조에 대해 일본의 주권 회복이 대일강화조약에

---

5) 日本外交文書 976. 원문은 pp.28~33, 영어 번역문은 pp.13~15. 또한 원문은 「제1차
　한일회담 (1952.2.15-4.21) 기본관계위원회 회의록, 제1-8차」, 한국외교문서 80, pp.28
　~33에도 있지만, 이 안은 수정된 안이기 때문에 일본 측 자료를 참조했다.

6) 「韓国側基本条約案に対する意見　(案)」(1952年3月11日付),　日本外交文書　1835,
　pp.112~120.

따른 것이기 때문에 "일본에 대한 한국의 주권 승인은 국제법상 특별한 의미를 갖지 않는다", "역으로 한국에 대한 일본의 승인이야말로 새로운 국가 승인이라는 국제법상 효과를 낳아야만 하는 것이다"라고 기술했다. 그리고 일본 측이 스스로 제1차 안으로 한국의 독립 승인 부분을 자발적으로 삭제한 것을 들어 "한국이 일본의 주권을 승인한 것만을 규정하는 것은 몹시 균형을 잃은 것이다"라고 주장했다.7)

또한 제3조에 대해서는 한국병합 이전의 조약들이 '당초부터 불성립'인지 '일단 성립하고 그 후 실효'되었는지라는 문제를 제기했다. 그리고 오사토는 전자에 대해서 당시 대한제국의 황제나 대신들 개인에게 조약 체결을 강제한 것 등을 인정하지 않았고, "진정한 합의, 즉 진정한 의견 일치가 있다", "국가의 병합은 국제법상 인정되고 있다"면서 한국병합 불성립론에 대해 반론했다. 후자에 대해서는 "병합 사실의 완성과 동시에 조약이 실효했다"라고 하면서 일본의 조선 지배가 합법적이었다고 주장했다.8) 한국 측 대표인 유진오 고려대학교 총장은 제3조에 대해서 다음과 같이 말했다. "우리는 1910년 이전의

---

7) 위의 문서, pp.27~129. 또한 오사토는 한국안의 제1조를 「대한민국 및 일본국은 상호 타방의 당사국의 정치적 독립 및 영토 보전을 존중한다」라는 대안을 제시했다. 「제1차 한일회담 (1952.2.15-4.21) 기본관계위원회 회의록, 제1-8차」, 한국외교문서 80, p.29를 보면 이 안은 한국 측의 수정안으로 채용되었던 것 같지만, 기본관계위원회의 논의에서는 나타나지 않는다.

8) 「韓国側基本条約案に対する意見 (案)」(1952年3月11日付), 日本外交文書 1835, pp.130~133.

조약은 당시로 거슬러 올라가 무효라는 국민적인 강한 신념과 감정이 있지만, 그것을 이 자리에서 내가 강하게 주장한다면 이 회담이 정리되지 않는다. 일본 측의 입장도 있을 터인지라 당시로 거슬러 올라가 무효라고 한다면 각종 복잡한 문제가 생긴다. 그 점을 피한다면 이 규정에 따라 한국의 국민감정을 진정시킬 수 있으며, 일본 측에 있어서도 따로 잃을 것은 아무 것도 없기 때문에 자극하지 않게 될 것이다". 또한 유진오는 "이것을 넣어서 과거의 잘못을 인정하는 것이 양 민족의 장래를 위해 좋다고 생각한다"9)고 주장했다.

「유진오 대표의 발언 부분」(일본외교문서 977, p.21) 주9의 발언이다.

---

9) 日本外交文書 977. 특히 한국안 제3조에 대한 논의는 pp.14~24를 참조. 이때 유진오는 한국정부의 법통도 주장했다.

이에 대해 오노 가쓰미(大野勝巳)[10] 외무성 참사관은 병합 조약이 "유효하고 적법한 조약이었다는 것은 의문의 여지가 없다"면서 구조약 무효확인 조항이 일본의 국민감정도 자극할 뿐더러 "이 우호조약이 깨끗한 형태로 맺어지는 것이 결과적으로 과거의 개운치 않은 것을 없애는 길이며 한국 측이 강하게 희망하지만 이 조약에서는 제외하고 싶다"고 주장했다.[11] 하지만 한국 측은 제3조의 삭제에 동의하지 않았다.

그런데 일본정부 공개문서에는 이 회합 전에 이루어진 오노와 유진오의 비공식 회담 기록이 있다.[12] 이에 따르면 오노가 한국 측의 제1조와 제3조에 대해서 "자발적인 취소를 생각하는 것은 어떤가"라고 물은 데 대해 유진오는 제1조를 보류하는 취지를 말하는 한편 제3조에 대해서는 고집하면서 "어쨌든 무효", 즉 "막연하게 무효가 되었다는 것으로 규정하고 싶다"고 말했다고 한다.

이러한 유진오의 발언은 한국 측의 구조약 무효확인 조항이 일본 측의 입장을 배려하여 시기를 특정하지 않은 막연한 제

---

10) 오노 가쓰미(1905~2006), 홋카이도 출신. 1929년에 교토제국대학 경제학부 졸업하고 다음 해 외무성 관료가 되었고 외무대신 겸 대동아대신 비서관 및 종전연락중앙사무국배상부장 등을 역임했다. 1953년 마닐라 재외사무소장으로 필리핀에 부임하여 배상 교섭을 했고, 같은 해 필리핀 부대통령 겸 외무대신인 카를로스 가르시아(Carlos P. García)와 협정안을 교환했지만, 필리핀의 여론과 의회 등의 강한 반대로 파기되었다. 그 후 1955년 오스트리아 공사, 1956년 서독 대사, 1957년 외무사무차관을 역임하고 1958년부터 1964년까지 영국 대사를 맡았다.

11) 각주 9와 같음.

12) 「日韓会談省内打合せ会議事要録」(1951年3月13日付), 日本外交文書 1636.

안이었다는 것을 뒷받침하고 있다. 그러나 일본 측은 한국 측 제안에 대해서 원칙적으로 삭제해야 한다고 주장했다. 오사토 나 오노가 말한 바와 같이 일본 측은 한국병합조약 이전의 조약들이 "유효하고 적법"했다고 생각하고 있었으며, 한국 측의 한국병합조약 불성립론 및 대한제국정부에서 대한민국정부로 법통(필자 주=법통이란 한국에서는 정통성을 그대로 이어받는 것을 말한다. 특히 현재의 한국헌법 전문에 "3·1 운동으로 건립된 대한민국임시정부의 법통과 불의에 항거한 4·19 민주이념을 계승"한다고 한 바와 같이 한국병합 후 1919년 3·1 독립운동에 따라 수립한 대한민국임시정부의 정통성을 대한민국정부가 이어받고 있다는 의미이다)이 이어진 것을 인정하려고 하지 않았다. 즉 일본 측에게 문제가 된 것은 '무효'의 시기가 아닌 '무효'(null and void)라는 용어 그 자체였다.

그 후의 논의

일본 측은 3월 22일에 열린 기본관계위원회에서 한국 안을 수정한 제2차 조약안을 제출했다. 이 안에는 전문 3단에 "일본국과 구대한제국 간에 채결된 모든 조약 및 협정이 일본국과 대한민국과의 관계를 규제하는 것이 아니라는 것을 확인한다"라는 문장이 삽입되었다. 또한 본문도 청구권이나 어업 등의 조항을 삭제하고 5개조의 간결한 형식으로 수정되었다.13)

한일 양국은 구조약 무효확인 관련 문장을 둘러싸고 격렬하게 논의했다. 한국 측은 1910년 이전의 조약이 무효라는 것을 확인하는 것이 간단하고도 명료하다고 주장했다. 그러나 일본 측의 법무부 민사국 주관인 히라가 켄타(平賀健太)가 "일본의 법률용어로 무효라는 자구는 처음부터 무효라는 의미가 들어 있기 때문에 여기에서는 부적당하다"고 말한 바와 같이, 일본 측은 구조약이 불성립이었다는 의미를 나타내는 자구를 철저하게 거절했다.14)

4월 2일에 제1차 회담의 마지막 기본관계위원회가 열렸다. 동 위원회의 자세한 내용은 일본정부가 공개한 문서에만 기술되어 있다.15) 일본 측 의사록에는 조약 명칭을 '기본조약'으로 할 것, 구조약 무효확인 조항에 대해서도 "일본국과 대한민국과의 관계에 있어서 효력을 지니지 않는다"고 하는 것으로 합의가 성립되었다고 적혀 있다. 하지만 이 의사록의 상세한 논의를 보면 유진오는 마지막까지 '무효'라는 용어를 사용하고 싶었다는 취지를 말하고 있으며, 반드시 "효력을 지니지 않는다"라는 표현으로 합의가 성립되었다고 간주할 수는 없다. 또

---

13) 「日韓会談第六回基本関係委員会議事要録」(1952年3月22日付), 日本外交文書 978, pp.29~31.

14) 위의 문서 및 「日韓会談第七回基本関係委員会議事要録」(1952年3月28日付), 日本外交文書 979. 유진오는 구조약 무효확인 조항에서 '무효'라는 표현을 사용하는 것은 한국정부의 지시라고 반복해서 말하고 있다.

15) 「日韓会談第八回基本関係委員会議事要録」, 日本外交文書 980. 또한 앞의 한국외교문서 「제1차 한일회담(1952.2.15~4.21) 기본관계위원회 회의록, 제1-8차」에는 일본의 조약안에 대한 반응을 묻는 오노의 질문에 대해 유진오가 아직 정부로부터 지침을 받지 않았다고 말했다고 기록되어 있다.

한 유진오는 '무효'라는 용어를 사용하지 않는 대신에 「기본조약」이라는 명칭을 취소하는 취지의 발언을 하고 있지만, 그 발언이 어떻게 처리되었는지는 명확하지 않다.

한국정부가 공개한 문서에 '일단 합의한 안'으로 제시되어 있는 「일본국과 대한민국 간의 기본적 관계를 설정하는 조약(안)」에는 이와 같이 유진오의 발언이 무시되어 있으며, 일본 측의 의사록에 따르는 형태로 조약의 명칭에 "기본적 관계", 전문 3단의 구조약 무효확인에는 "효력을 지니지 않는다"라는 자구가 채용되어 있다. 하지만 의사록에 한정한다면 쟁점에 대한 논의가 결론을 보지 않은 채 끝나고 있다.

즉 이 '일단 합의한 안'이라는 것은 일본정부가 논의의 여지를 남겨둔 채 기본조약 성립을 위해 작성한 일본 측의 최종안에 지나지 않는다고 말할 수 있다.[16] 제1기의 기본관계 교섭에서는 독립 승인 조항에 대해 한일 양국의 취소할 것을 일단 결정했지만 구조약 무효확인 조항에 대한 합의는 실패한 것이다.

---

16) 「제1차 한일회담(1952.2.15-4.21) 기본관계위원회 회의록, 제1-8차」, 한국외교문서 80, pp.52~54.

2. 입장 조정 시기
─ 제2기의 기본관계 교섭(1952년 4월~1964년 12월)

제2차, 제3차 회담의 기본관계 교섭

일본정부는 제1차 회담 결렬 이후 현안들의 해결 원칙을 기본관계조약에 담으려는 방침을 사실상 포기했다. 그리고 1952년 7월 11일에 열린 한일회담 재개에 관한 각 부처 회의에서 와지마 에이지(倭島英二)[17] 아시아국장이 "과거의 문제를 불문으로 하는 것은 수호조약의 표면상의 방침"[18]이라고 발언한 바와 같이 구조약 무효확인 조항을 토의 대상으로 하지 않기로 했다.

또한 제1차 회담에서 표면화되지 않았지만, 일본정부는 한국정부의 관할권 문제에 대해서도 검토하고 있었다. 이승만 대통령의 방일에 맞춰 대응을 협의한 1953년 1월 23일 자 "한일회담 재개의 기본조건에 대해서」라는 문서에서 "한국정부의 성격"에 대해 "1948년 12월 12일의 유엔총회결의(인용자 주

---

17) 와지마 에이지(1905~1982), 돗토리현(鳥取県) 출신. 도쿄제국대학 법학부에 재학 중이던 1928년에 외교관 시험에 합격하여 다음 해 외무성 관료가 되었다. 1942년 11월 중화민국 대사관 1등 서기관, 1945년 2월 대신관방 회계과장. 패전 후 종전연락중앙사무국 제4부장 및 나고야(名古屋) 사무국장, 외무성 관리국장을 맡았고 1951년 12월에 아시아 국장에 취임했다. 1953년 11월에 특명전권공사로 임명되어 12월부터 인도네시아와의 배상 교섭에서 대표가 되었다. 1955년 4월에는 일본정부대표대리로 제1회 아시아·아프리카 회의에 참석했다. 벨기에 대사, 유럽경제공동체 일본대표 등을 맡았고 1965년 12월에 퇴관했다.

18) 「日韓会談再開に関する(各省)連絡会議」, 日本外交文書 1039, p.17.

-195호<Ⅲ>)의 선에 따르기로 한다"라고 되어 있다. 단 협정 안에서 "노골적으로 한정적인 의도를 표현하는 것은 한일회담 전체를 파괴할 우려가 있기 때문에 이를 회피하고 국회 설명을 위해 어쩔 수 없이 필요할 경우, 단순하게 앞의 유엔총회결의를 인용하는 데에 그친다"라는 방침이었다.[19]

1953년 4월 15일부터 제2차 회담이 시작되는데, 그 직전인 8일 자「한일회담 교섭 방침」에 따르면 기본관계는 외교, 영사 관계 설정만을 취급하고 버마, 인도네시아, 필리핀 등과 이미 주고받은 교환공문(9쪽 <주1> 참조)의 형식에 따라 "종래에 문제가 되고 있었던 한일병합조약 등에 대한 무효 논의를 피할 수 있게 된다"고 했다.[20] 이와 같이 제1차 회담 결렬 후 일본정부의 방침은 외교 관계 설정을 최우선으로 하고, 구조약 무효확인을 회피하는 한편 한국정부의 관할권 문제에 대해서는 여전히 신중했다.

기본관계문제는 제2차 회담에서 두 번 논의되었는데, 구조약 무효확인 조항 등의 논점에 대해서 각자의 입장을 확인하기 위한 간단한 의견교환이 행해졌을 뿐이며, 다른 현안을 논의하는 부회가 결론에 이를 때까지 휴회하는 것으로 합의했다.[21] 또한 제3차 회담에서도 기본관계 교섭 관련 회의는 한

---

19) 日本外交文書 1045, pp.13~14.

20) 日本外交文書 1050, p.8.

21) 「昭和二八年度会談日誌 前期会談日誌」, 日本外交文書 497.

번 열렸을 뿐이었다.

제3차 회담의 제2회 본회의에서 북한 지역의 재조일본인재 산을 둘러싼 논의가 이루어졌는데 이를 주목할 만하다. 일본 측의 기록에 따르면 김용식 주일공사는 "북한 지역에 있는 재 산은 유엔결의에 제시되어 있는 것처럼, 한국은 한반도에서의 유일한 합법정부이며 북한은 한국의 일부이다. 미군정의 일본 재산접수명령은 지도원리를 제시한 것이기 때문에 미군정의 관할이 38도선 이남에 있었음에도 불구하고 북한 지역 재산도 남한 지역 재산과 같이 처리된다"고 발언했다고 한다. 이에 대 해 구보타 간이치로 외무성 특별고문은 "조선에서는 한국이 유엔결의에 따라 인정된 유일한 국가라는 의미에서 그 합법성 을 의심하는 것은 아니지만, 현재 그 지배가 미치는 범위에 관 해서는 유엔결의에는 한정적인 표현이 있다는 것을 지적하고, 또한 북한은 어찌 되었든 미군정의 권한 밖에 있었다"라고 말 했다고 한다.[22] 이 논의는 재산청구권 문제, 특히 한반도 북부 의 재조일본인 재산 처리와 관련하여 한국정부의 관할권에 대 해서 논의된 첫 사례라고 말할 수 있다.

중단기부터 제4차 회담까지의 일본 측의 기본관계 방침

일본 측의 '구보타 발언'(34쪽 참조) 및 재조일본인 재산에

---

22) 「日韓交渉報告 (再七) 日韓交渉第二回本会議状況」(1953年10月13日付, 久保田奎与作 成), 日本外交文書 169, pp.6~7.

대한 청구권 주장 철회 등을 내용으로 1957년 12월 한일공동 선언이 이루어졌고 이를 통해 한일회담이 재개되기로 한 것은 제1장에서 설명한 바와 같다. 한일공동선언에는 합의의사록(필자 주=조약, 협정, 그 외에 특정한 의제에 대한 양국의 합의를 의사록이라는 형식으로 확인하는 방법이다. 한일 청구권 협정에도 합의의사록이 있다)이 첨부되어 있으며 비공식적인 내용도 있었다. 그중 하나가 재개될 한일회담의 의제이며 "1910년 및 그 전에 체결된 조약 및 협정이 효력을 지니지 않는 사실의 확정에 관한 사항"이 포함되어 있었다.[23] 그러나 다음 해 4월 15일부터 시작된 제4차 회담에서 기본관계위원회는 한 번도 열리지 않았다.

이전의 회담과 비교하여 제4차 회담에 임하는 일본정부의 방침을 검토하면 외교관계 수립을 우선시하고 조약 형식을 간소하게 한다는 기본 자세를 유지하면서도 몇 가지의 변화가 보였다. 먼저 1957년의 한일공동선언의 취지를 반영하여 기본조약에 구조약 무효확인 조항이 담기게 되었다. 1958년 4월 22일 자로 작성된 「한일 기본조약 및 의정서」의 전문 첫 부분에 "일본국과 구대한제국 간에 체결된 모든 조약 및 협정이 일본국과 대한민국 간의 관계에 있어서 효력을 지니지 않는 것을 확인한다"는 문장이 있다.[24]

---

23) 「在韓抑留日本人漁夫と在日收容韓人等の措置及び日韓間全面会談再開に関する日韓両国政府間取極並びに本件取極実施のためにとるべき措置についての閣議請議の件」, 日本外交文書 1527, p.14.

그리고 한국정부의 관할권 문제에 대해서는 후지야마 아이이치로 외상의 훈령에서 제시한 대로 남북한정부 중 한국정부만을 계속해서 교섭 상대로 한다고 되어 있다. 한편 한국과의 교섭에서 북한 지역은 '백지', 즉 논의의 대상으로 하지 않는다는 방침을 이 시점에서 명확하게 한 것이었다.[25]

기본관계 교섭의 문제로 주목되었던 또 하나의 문제가 독도 영유권 문제이다. 전술한 후지야마 외상의 훈령에는 "본 건이 조기 해결을 추진하기 위해서 독도 문제는 별도의 해결을 도모하기로 한다"[26]고 되어 있다. 또한 같은 해 7월 2일, 외무성에서 작성한 「한일회담 교섭 방침」에는 "독도 문제는 논의 사안으로서 향후의 문제로 남길 것"이라고 되어 있다.[27] 이와 같이 독도 영유권 문제가 한일회담의 의제로서 일본정부의 기본방침에 명기된 것은 제4차 회담이 처음이었다. 또한 이 문제는 제6장에서 상술하겠지만 한국 측은 자국 영토라는 것이 명백하기 때문에 논의 자체를 피하려고 했고, 이에 대해 일본 측은 특히 1960년대 이후 이 문제를 한일회담의 의제로 다룰 것을 집요하게 요구했다.

---

24) 日本外交文書 1537, p.5 및 p.12.

25) 「日本国と大韓民国との全面会談における訓令」(1958年 4 月), 日本外交文書 1536, pp.2 ~3.

26) 위의 문서, p.4.

27) 日本外交文書 1538, p.2.

제5차 회담의 일본 측 기본관계 방침

1960년대에 들어서자 한일회담 타결의 기운이 높아졌는데, 여기에는 한국전쟁 이후 북한에 비해 경제적으로 뒤처진 한국에 경제지원이 필요하다는 인식이 있었다. 장면 정권과 이케다 정권 간에 이루어진 제5차 회담에서 기본관계 교섭은 한 번도 진행되지 않았지만, 일본정부 내부에서 동 교섭에 관한 논점을 재정리하는 작업이 진행되고 있었다.[28]

외무성 조약국 법규과가 1960년 12월 1일 자로 작성한 「한일교섭에서의 일본정부의 입장에 관한 법률상의 문제점」은 기본관계 교섭과 관련한 논점에 대해 일본정부의 입장을 보다 명확히 한 문서이다. 먼저 "한국정부의 지위"는 1948년 12월 12일의 유엔결의 195(Ⅲ)의 내용에 따라 "한반도에 성립한 유일한 합법정부이지만, 그 실효적 지배와 관할은 남한 지역에만 미치고 있다"라는 종래의 입장을 재확인하면서 북한정부와의 교섭 여지를 남겼다(유엔결의 195(Ⅲ)의 내용에 대해서는 제1장 47쪽을 참조). 또한 일본정부의 한국 독립 승인 시점을 대일강화조약 발효 시기로 하면서도 한국정부의 입장을 반영하여, 독립 승인의 효과를 1948년 8월 15일(필자 주=미군정이 군정을 종료하고 한국이 독립을 선언한 날)까지 거슬러 올라갈 수 있다고 했다.[29]

---

28) 1960년 10월 20일 자로 외무성 조약국 조규과(条規課)가 작성한 「大韓民国管轄権の限界」이라는 문서는 그 일례이다. 日本外交文書 1839, pp.12~28.

이와 더불어 구조약 무효확인 조항에 대해서는 대한제국에서 대한민국으로 어떠한 법적 승계 관계가 존재하지 않는다는 입장에서 구조약 무효확인 조항이 법적으로 무의미할 뿐만이 아니라, 법적 승계 관계를 주장하는 한국 측의 조약 불성립론을 이끌어내기 쉽다는 위험을 포함한다고 하면서 삭제 혹은 합의의사록으로 돌리는 방침을 세웠다.[30] 이것은 전문에서 구조약 무효확인 조항이 포함된 안을 제시했었던 제4차 회담 때의 방침에서 전환했다기보다는 원래의 일본정부 입장으로 돌아갔다고 할 수 있다.

제6차 회담의 기본관계 교섭

군사 쿠데타로 성립한 박정희 정권과 이케다 정권 간에 이루어진 제6차 회담에서 1962년 말에 최대의 현안이었던 청구권 문제에 대한 원칙적인 합의가 실현되자 국교정상화 가능성이 한층 높아졌다. 이와 같은 상황을 배경으로 일본정부는 기본관계 교섭 준비를 진행하고 있었다.

외무성 북동아시아과가 1963년 8월 1일에 작성한 「한일회담 현안들에 있어서 북한 문제가 관련한 점들의 협정상 취급에 대해서」라는 문서는 기본관계의 조약 형식에 대해 "공동선언"을 채택해야 한다는 것을 구체적으로 제시하고 있다. 북동

---

29) 日本外交文書 1841, pp.1~7.

30) 위의 문서, p.8.

아시아과는 영토 문제 등에 대해 한일 간의 입장이 다르고 서로를 만족시킬 표현이 극히 곤란하다는 점을 들면서 "이러한 문제를 회피하기 위해 국교정상화에 관한 공동선언이라는 방식에 따라 국교 수립, 대사 교환 등 최소한으로 필요한 내용만을 합의하는 방식을 취하는 것이 적당"하다고 했다.[31]

또한 한국정부의 관할권과 관련하여 재산청구권교섭 대상을 남한 지역에 한정하는 한편, 북일 교섭에 대해서는 한국정부를 유일한 합법정부로 간주하고 있기 때문에 "한국정부와 나란히 북한 당국을 상대로 북한 지역에 관한 청구권 문제를 교섭하는 것은 현시점에서 생각할 수 없다"고 했다.[32] 단 일본정부는 한국정부의 관할권 문제를 제시하는 것에 대해 여전히 신중했다.

외무성 조약국 법규과가 1964년 4월 1일 자로 작성한 「한일 기본관계문제의 처리방침(안)」에서 "공동선언 또는 교환공문"을 통한 외교관계 수립이라는 방침을 재확인했다. 일본정부는 지금까지 논의되던 기본관계 교섭의 현안을 모두 불문으로 부친 채 "공동선언" 또는 "교환공문"이라는 약식의 협정으로 국교정상화를 시도하려고 했던 것이다.[33]

이 방침안이 토의된 외무성의 기록에 따르면 구조약 무효확

---

31) 日本外交文書 1845, p.2
32) 위의 문서, p.4 및 p.7.
33) 日本外交文書 1847, pp.8~12.

인 조항에 대해 "<u>언제부터 무효가 되었는지가 나오지 않는다</u>
<u>면 문제가 없는데, 없다면 그보다 좋은 것은 없기 때문에 일</u>
<u>본 측 안이 처음 제시될 때는 삭제해 두기로 결정되었다</u>"[34]라
고 되어 있다. "언제부터 무효가 되었는지가 나오지 않는다면
문제가 없"다는 부분은 일본 측이 양보할 수 있는 선으로 주목
할 수 있다. 단 최종적인 기본조약이 "이미 무효"라는 표현으
로 정해진 것을 고려하면 이 부분은 한국 안을 그대로 받아들
였다는 것을 의미하지 않는다.

또한 한국정부의 관할권에 대해서 "관할권 조항을 하나의
조항으로 설정하지는 않고 한국 독립 승인 규정에 관할권에
관한 문언("현재 지배하는 지역"으로 한다)과 유엔결의 두 가
지를 덮어씌우는 형태로 한다"고 되어 있다.[35]

이상과 같은 논의는 외무성이 1964년 4월 18일 자로 작성
한 「일본국과 대한민국의 공동선언(안)」에 반영되어 있다. 먼
저 제1항에는 "일본국은 1951년 8월에 샌프란시스코시에서 서
명된 일본국과의 평화조약 제2조 (a)의 규정을 바탕으로 한국
의 독립을 승인하며, 또한 1948년 12월 12일의 유엔 총회 결
의 195(Ⅲ)의 취지를 존중하여 대한민국정부를 승인한 것이 확
인된다"고 했다. 제2항에는 협정에 따른 현안들의 해결을 확인
하고 제3항에는 "전항의 관계 협정들을 적용하는 데 있어서

---

34) 「日韓会談基本関係問題」(1964年4月15日付, 北東アジア課), 위의 문서, p.21.(밑줄이
   그어진 자료를 그대로 인용).

35) 위의 문서, p.22.

대한민국정부의 유효한 지배 및 관할권이 한반도 북부 지역에는 미치지 않는다는 것이 고려될 수 있다"고 되어 있다. 제3항은 전술한 외무성 내의 논의와 언뜻 모순되지만 아마도 한국 측과의 거래를 의식한 문언을 삽입한 것으로 생각된다. 또한 제7항은 공동선언 및 관계 협정들의 해석 또는 적용에서 발생하는 분쟁에 있어서 교섭으로 해결되지 않는 문제는 국제사법재판소에 맡겨야 한다는 것인데, 이것은 독도 영유권을 의식한 조항이다.36)

제3차 회담 이후 열리지 않았던 기본관계위원회는 약 11년 만인 1964년 4월 23일과 5월 8일에 개최되었다. 일본 측은 공동선언안을 작성해서 논의에 임했지만, 한국 측이 요강안을 제시하지 못했기 때문에 이 안을 한국 측에 제시하지는 않았다. 한국 측이 "한국 국민감정에 비추어도 기본관계와 협정들은 과거 36년간의 일본의 지배를 청산하고 새로운 한일 관계의 기초가 되어야 할 것이다"라면서 조약 형식을 주장했다. 이에 대해 일본 측은 "청구권과 그 외의 한일회담의 현안이 해결된 것을 확인하고 이를 바탕으로 외교 관계를 설정한다는 방침"이라는 것으로 공동선언을 주장하는 데에 그쳤다.

한국 측은 일본의 공동선언 주장에 대해서 "과거 세 번에 걸친 일본 측 제안은 모두 조약의 형식을 취하고" 있다면서 "완전히 의외의 일로 생각한다"고 말하며 실망감을 드러냈

---

36) 日本外交文書 1848.

다.37) 이와 같이 제3차 회담 이래 11년 만에 재개된 기본관계 교섭은 교섭 초기부터 '과거 청산'을 중시하는 한국 측과 한일 간의 현안들을 보류한 채 '외교 관계 설정'을 중시한 일본 측의 계속된 입장 차이를 확인하는 것으로 끝이 났다.

3. 합의 없는 타결을 향해
-제3기의 기본관계 교섭(1964년 12월~1965년 2월)

한일 양국의 교섭 방침

제7차 회담의 기본관계 교섭은 1965년 2월에 열린 시이나 에쓰사부로(椎名悅三郞) 외상의 방한 때까지 총 13번 개최되었고 한일 양국은 동 문제 해결을 서둘렀다. 그 배경에는 제1장에서 설명한 바와 같이 청구권, 어업, 재일조선인의 법적지위 등의 현안들에 대한 타결 전망이 선 것이나, 한국정부가 베트남 파병을 결정한 데 대해서 한미일 3국이 한국에 대한 반공지원체제 강화를 서둘렀다는 것 등을 들 수가 있다.

일본 측은 1964년 12월 10일에 열린 기본관계위원회에서 합의요강안을 제시했는데, 이는 같은 해 4월 18일에 작성한 「일본국과 대한민국 간의 공동선언(안)」과 거의 같은 것이었다.38) 한국 측은 제1항의 대일강화조약, 유엔총회에 대한 언급,

---

37) 日本外交文書 448.

제3항의 한국의 관할권, 제7항의 분쟁해결 수단으로서의 국제 사법재판소 위임에 대해서 질의했다.[39)

한편 한국 측의 합의요강안은 외무부 동북아과가 11월 30일 에 기안한 「기본관계문제에 대한 아측의 기본 입장」을 바탕으로 하고 있다. 「일반지침」의 제1항은 "한일 간의 불미했던 과거 관계를 청산"할 것, 제2항은 "대한민국 정부만이 한반도에 있어서의 유일한 합법정부라는 아측 입장은 어떠한 경우라도 유지하도록 한다"고 되어 있다. 유일합법정부 조항이 한국정부의 방침으로서 담긴 것은 이것이 처음이다.

또한 보다 구체적인 「세부방침」에서도 "과거에 불행했던 양국 간 관계를 청산함으로써 양국 간의 새로운 관계를 개선한다는 취지"를 규정한 것, "구한말에 일본과 체결된 모든 조약의 무효임을 규정한다. 무효의 시점을 당초부터(ab initio)로 하도록 최대한의 노력을 한다"는 것 등이 정해졌다.[40)

한국 측의 합의요강안은 그 형식을 "조약"으로 할 것, 전문에서 "대한민국정부가 한국에 있어서의 유일한 합법정부라는 사실을 확인", 본문에서 "한국과 일본국 간에 1910년 8월 22일

---

38) 「日韓基本関係に関する合意要綱案」(1964年12月10日付), 日本外交文書 1851, pp.1 ~6.

39) 제7차 회담의 기본관계위원회 의사록은 다음과 같다. 日本外交文書 1090 및 1345~ 1347. 「제7차 한일회담, 기본관계위원회 회의록 및 훈령 1964.12-65.2」, 한국외교문서 1455. 이하 번잡함을 피하기 위해서 상기 의사록에 대한 특별한 인용 등을 제외하고 각주를 생략하기로 한다.

40) 「제7차 한일회담, 기본관계위원회 회의록 및 훈령 1964.12-65.2」, 한국외교문서 1455, pp.8~9.

및 그 이전에 체결된 모든 조약 또는 협정이 무효라는 사실의
확인" 등을 그 내용으로 하고 있다.41) 일본 측은 이러한 내용
에 대해 질의하면서 기본관계위원회에서 독도 영유권 문제에
대해서도 "해결 전망"을 세우고 싶다고 주장했다.42)

이러한 논의를 바탕으로 1964년 12월 16일에 열린 제4회
회합에서 한일 양국의 요강안에 대한 정리표가 작성되었다. 그
중 "토픽으로서 내용에 이의가 있는 것"으로 "과거의 청산과
1910년 8월 22일 이전의 조약 또는 협정의 무효확인", "한국
정부가 유일한 합법정부라는 사실의 확인과 샌프란시스코평화
조약 제2조 a의 규정 및 유엔결의 195(Ⅲ)의 취지 확인"(이 쟁
점의 배경에 대한 설명은 95쪽 참조), "한국정부의 관할권 문
제", "분쟁처리조항", "합의문서의 형식 및 명칭" 등 5항목이
있었고, 이를 기본관계위원회에서 토의하기로 했다.43)

제1차 조약안을 둘러싼 논의

한일 양국은 1965년 1월 26일에 열린 기본관계위원회에서
제1차 조약안을 다시 제시했다. 일본 안의 표제는 마지막에 정
하는 것으로 하여 공란이 되어 있었다. 또한 본문에서는 제1조
에 현안들의 해결확인조항이 들어가 있는 것 이외에 외교관계

---

41) 「基本関係に関する韓国側立場要綱 (案)」(1964年12月10日付), 日本外交文書 1851, pp.7
~21.

42) 각주 9와 같음.

43) 「日韓基本関係に関する合意要綱案」(1964年12月10日付), 日本外交文書 1851, p.28.

등의 설정에 필요한 최소한의 항목을 그 내용으로 하고 있다. "주 1"의 "'한국의 유효지배 및 관할권은 현실적으로 한반도 북부 지역에 미치고 있지 않다는 것을 고려해야 한다'라는 규정은 제1조에서 들고 있는 관계 협정들에 대해 그 적용범위의 문제가 처리되는 것을 전제로 삭제한다"는 것이다.

"주 2"의 "ICJ에 대한 위임"은 "해당 관계 협정들에 대해 동일한 취지를 들 수 있다면 삭제해도 좋다"는 것이다. 특히 전자에 대해서 일본 측이 관할권 규정을 조문에 넣지 않는다는 '양보'를 함으로써 한국 측의 유일합법정부 조항 주장에 대한 취소를 노린 것이다.[44]

또한 일본 측은 구조약 무효확인 조항에 대해서 "대일본제국과 대한제국 간의 조약이 이미 효력을 지니고 있지 않다는 취지의 규정을 한국 측이 꼭 넣고 싶다면, 전문 중에 이에 대한 언급을 검토할 용의가 있다"고 발언했다.[45] 즉 일본 측은 체결 당시에 유효했다는 해석이 가능한 조문을 희망하고 있었다.

한편 영문으로 작성된 한국 안은 제2조에 한국정부의 유일합법확인 조항, 제3조에 구조약 무효확인 조항이 제시되었다. 한국정부의 유일합법확인 조항이 담긴 조약안이 작성된 것은 이것이 처음이었다. 그 안은 다음과 같다.

---

44) 「日本国と大韓民国との間の基本関係に関する(合意)案」(1965年1月25日付) 및 「日本国と大韓民国との間の─────── (案)」(1965年1月26日付), 日本外交文書 1851, pp.37
　　〜61.

45) 위와 같음.

Article Ⅱ: It is confirmed that the Government of the Republic of Korea is the only lawful government in Korea.

Article Ⅲ: It is confirmed that all treaties or agreements concluded between the Empire of Korea and the Empire of Japan on or before August 22, 1910 are null and void.[46]

상기 조항에서 제시되고 있는 바와 같이 유일합법확인 조항에서는 "the only lawful government in Korea"(조선에서의 유일합법정부), 구조약 무효확인 조항에서는 "are null and void"라는 표현이 사용되고 있다.

한국 측은 제2조(그리고 제3조도 공통되는 점)에 대해서 "It is confirmed that"(~라는 것이 확인된다)이라는 표현을 유연하게 한 것, 제3조에 대해서 "한국 측은 구조약이 당초부터 무효라는 생각이지만, 일본 측의 입장도 있기 때문에 are null void라는 표현으로 중성화했다"고 설명했다.[47] 하지만 일본 측은 특히 후자에 대해서 "null and void"라는 표현 그 자체를 문제시했기 때문에 해당 표현이 '중성화'되었다고 이해하지는 않았다.

---

46) 「DRAFT BASIC TREATY BETWEEN THE REPUBLIC OF KOREA AND JAPAN」, 日本外交文書 1852.

47) 日本外交文書 1346, pp.7~26.

이후의 기본관계위원회에서 제시된 조약안 관련 논의

1965년 12월 5일에 열린 기본관계위원회에서 일본 측은 제2차 조약안을 제출했다. 이 조약안에서 특히 주목되는 것은 제5조에 구조약 무효확인 조항이 처음으로 들어간 것이다. 단 그 내용은 "대일본제국과 대한제국 간에 1910년 8월 22일 이전에 체결된 모든 조약 및 협정이 일본국과 대한민국에 있어서 효력을 지니지 않는 것이 확인된다"였고, 제1차 회담 때부터 일본 측이 주장해 온 "효력을 지니지 않는다"(have no effect)라는 표현이 유지되었다.[48)]

이와 관련하여 일본 측 조약안의 기초가 되었던 2월 2일의 외무성 조약국안에 "null and void를 받아들일 때를 위해 준비해 둔다"라는 메모가 덧붙어 있다.[49)] 즉 이 조약안은 한국 측이 주장하는 구조약 무효확인 조항 및 "null and void"라는 표현을 받아들이는 대신에 구조약이 체결 당시에는 유효했다는 일본 측의 주장을 이 조항에 담기 위한 준비 단계였다고 말할 수 있다.

또한 제6조는 국제사법재판소에 대한 위임이 남겨졌고 제7조의 비준 조항 관련 주석에 "양국 정부 간의 협정들"에 "독도 등에 관한 협정을 포함한다"[50)]라고 명기되었다.

이에 대해 한국 측은 전문에 "역사적 배경"이라는 표현을

---

48) 위의 문서, p.55. 동 조약안의 영문은 2월 8일에 열린 제10회 회합에서 제시되었다.

49) 「未定稿 日本国と大韓民国との間の基本関係に関する条約(案)」, 日本外交文書 1853, p.20.

50) 日本外交文書 1346, p.56.

담을 것과 일본이 한국의 독립을 승인했다는 대일강화조약 제 2조 a에 대한 언급을 삭제할 것, 한국정부가 조선에서 유일한 합법정부라는 것을 명기할 것 등을 요구했다.

또한 구조약 무효확인 조항의 "null and void"에 대해 한국 측은 "abinitio(인용자 주-당초부터)라는 단어가 들어가 있지 않기 때문에 당초부터 무효였다고 해석할 수 없는 여지도 있지 않은가"라고 반론하고 "are null and void"가 한국 측의 최종안이라고 주장했다.[51] 하지만 일본 측은 "null and void"에 당초부터 조약이 무효였다는 의미가 포함되어 있다는 입장을 견지했다.

2월 8일에 열린 기본관계위원회에서 한국 측은 영문으로 된 제2차 조약안을 제출했다. 이 안에서 주목되는 것은 제2조 한국정부의 유일합법정부 확인 조항이다. 즉 "It is confirmed that the Government of the Republic of Korea is the only lawful government in Korea as declared in the resolution 195(Ⅲ) of the United Nations General Assembly"[52]로 유엔 결의를 구체적으로 삽입한 것이다. 하지만 북한정부와의 교섭 여지를 남기고 싶은 일본 측은 여전히 "the only lawful government"라는 표현에 대해 "일본에게 절대로 있을 수 없는 조항"이라고 말했다.[53]

---

51) 위의 문서, p.63.

52) 위의 문서, p.72.

53) 위의 문서, p.61.

2월 10일에 열린 기본관계위원회에서 일본 측은 제3차 조약안을 제시했다.[54] 이 조약안에서 몇 가지 주목해야 할 점이 있다. 첫째, 일본 안으로는 처음으로 조약의 명칭을 "Treaty"로 한 것이다. 둘째, 전문에 한국 측이 주장한 "역사적 배경"(the historical background)을 삽입하고 대일강화조약 인용에 대해서는 제2조 a에 대한 언급을 삭제한 것이다. 셋째, 제5조에 처음으로 한국정부의 합법확인 조항을 추가한 것이다. 넷째, 제6조인 구조약 무효확인 조항에서 처음으로 null and void라는 표현을 받아들인 것이다.

이와 같이 일본 측의 제3차 조약안은 형식적인 면에서 대부분 한국 안에 가까워졌지만, 다음과 같은 점에서는 일본정부의 주장을 고수하고 있었으며 그 의미에서 일본 측의 입장을 변경한 것은 아니었다. 첫째, 유일합법정부 확인 조항에서 한국 안의 표현 중 "the only lawful government"를 "a only lawful government"로 변경하고 '유일한'이라는 뉘앙스를 배제하고 있다. 둘째, 구조약 무효확인 조항에서 "have become null and void"(무효가 되어 버렸다)로 하면서 구조약이 당초부터 무효라고 해석할 여지를 좁혔다. 셋째, 여전히 제7조에서 국제사법재판소 위임이라는 문언을 남기고 있다.

단 일본 측의 제3차 조약안이 토의됐을 때, 일본 측은 유일합법 확인 조항에서 "It is confirmed that the Government of

---

54) 日本外交文書 1347, pp.9~14.

그러하고 있으며 필요하다면 본위원회에서 제시하거나
한국에 가지고가서 제시할 생각이 있다.

마쓰나가 : 일측안 제6조의 null and void 조항에 잔하여서는
have become 인지 have no effect 든지 붕다는 입장이다.
only lawful Government 조항에 관하여서는 일측안 as is
specified 로 되어있으나 as is described, as is declare 등의
alternative 가 있다. 한국측이 끝내 한국측 주장을
고수한다면 이번에 initial 할 의사를 포기할 생각이다.

이수석 : 일측안 5,6조에 잔하여 본위원회 대표로서 이야기
할수있는것은 모두 말하였다. 양측이 만족스러운 표현을
발견하지 못한것은 유감이다. 본국에 일측의 입장을
보고하겠다.

마쓰나가 : 이번 기회에 initial 이 안되면 백지로 돌아오게
된다. 전번과 같은 입장까지 일측이 양보한것은
여러가지 경위와 전제에 기인한것이다. 예를 들어
말하면 I.C.J. 와 통상관계 경과규정에 일측이 양보
한것은 "시이나"회상이 방한전까지는 충분히 토의할
여유가 없다는 시간적인 이유가 많은데 이번에 initial
이 안되면 그러한 이유가 없어질 것이다. 이걸
양해하기바란다.

이수석 : 이번에 initial 이 안되면 일측입장이 서발점으로
복귀하게 될것이라는데 대하여서는 이의가 있다.
이번기회에 기본관계 만이다 합의하여 두문 제반한
해결의 선도적 역할을 하도록 하여야 할것이다. 일측안
5조와 6조에 잔한 일본어안은 되어있는가.

221   1104

592

「제7차 회담 기본관계위원회 회의록」(한국외교문서 1455, p.221) 일본 측이 국제사
법재판소 제소에 대한 조항을 취소한 이유는 한국 측의 회의록에만 기록되어 있다.

the Republic of Korea is the only lawful government in Korea having been declared as a lawful government in the resolution 195(Ⅲ) of the United Nations General Assembly"라는 대안을 제시하고 있다. 이에 대해 한국 측은 이 대안을 포함하여 일본 안을 검토하기로 했다.[55] 일본 측이 "the only lawful government"라는 문언을 조약안으로 제시한 것은 이 것이 처음이었다.

또한 한국 측은 제6조인 구조약 무효확인 조항에 대해서 "have been null and void"(무효이다 〔상태가 현재에 이르고 있다〕)라는 안도 제시했지만, 일본 측은 "당초의 한국 안인 are null and void와 같기 때문에 좋지 않다"면서 이를 거절했다.[56]

시이나 외상 방한 전의 마지막 기본관계위원회가 2월 15일에 열렸다. 이 회합에서 조약 내용의 배열에 대한 합의가 이루어졌다. 즉 제1조 외교관계, 제2조 구조약 무효확인, 제3조 한국정부의 유일합법정부 확인, 제4조 유엔헌장의 준수, 제5조 통상, 제6조 민간 항공, 제7조 비준이다.[57] 독도 영유권 문제를 포함한 분쟁해결 수단으로서 국제사법재판소에 제소한다는 조항은 이 시점에서 삭제되었다. 이에 대해 일본 측은 "시이나 외상 방한까지 충분히 토의할 여유가 없다는 시간적 이유"를

---

55) 위의 문서, pp.7~8.

56) 日本外交文書 1347, pp.6~7.

57) 위의 문서, p.28.

들어 양보했다는 내용이 한국 측 회의록에만 기록되어 있다.[58]

이리하여 전문의 유엔결의, 대일강화조약에 대한 언급, 한국 정부의 유일합법정부 확인 조항, 구조약 무효확인 조항만이 미해결 과제로 남게 되었다.

시이나 외상의 방한과 기본관계 교섭 – 결착의 연기

시이나 외상이 방한한 1965년 2월 18일에 기본관계문제 실무자 회의가 열렸고, 여기에서 "1951년 8월에 샌프란시스코시에서 서명된 일본국과의 평화조약 관계 규정 및 1948년 12월 12일에 유엔 총회에서 채택된 결의 195(Ⅲ)를 상기하고"라는 전문의 유엔결의와 대일강화조약을 상기하는 문안은 거의 합의에 이르렀다. 특히 대일강화조약에 대해서 일본 측이 한국정부의 독립을 승인하기 위해서 필수라고 생각하고 있었던 동 조약의 제2조 a(일본국은 한국의 독립을 인정하고 제주도, 거문도 및 울릉도를 비롯한 한국에 대한 일체의 권리와 권원 및 청구권을 포기한다)를 특정하지 않은 것을 통해 대일강화조약 체결로 한국 독립을 인정했다는 일본 측 의도가 흐릿해지는 문안이 되었다.[59]

일본 측은 기본관계 교섭이 시작될 때부터 대일강화조약에

---

58) 「제7차 한일회담, 기본관계위원회 회의록 및 훈령 1964.12-65.2」, 한국외교문서 1455, p.221.

59) 위의 문서, pp.262~263.

따른 한국의 독립 승인을 국제법 절차로서 중시했다. 일본은 포츠담 선언 수락에 따라 조선을 포기했음에도 불구하고 구식 민지의 독립에 대해 구종주국으로서 마치 '주체적으로' 승인하려고 한 것 같다. 단 대일강화조약 발효 이전인 1948년 8월 15일에 수립한 한국정부로서는 그러한 일본정부의 집착을 마지막까지 인정할 수가 없었다.

이리하여 구조약 무효확인 조항과 한국정부의 유일합법정부 확인 조항만 남겨지게 되었다. 이 문제는 2월 19일, 서울의 청운각이라는 요정에서 이루어진 회합(이하 청운각 회합)에서 논의되었다. 구조약 무효확인에 대해 일본 측의 문안인 "이미 무효"= "already null and void"로, 한국정부의 유일합법정부확인 조항은 "~에 명확히 제시되어 있는 바와 같이"= "as specified in"으로 최종합의에 이르렀다는 것은 선행연구에서 밝혀졌다.

후자에 대해서 일본 측이 "유일한 합법정부"라는 표현에 대해 유엔결의가 직접 수식하도록 "the only such lawful govern ment in Korea as…"[60]라는 안을 제시했지만 채용되지 않았다. 그러나 이와 같이 중요한 청운각 회합에 대한 기록은 한일 양국의 외교문서에도 포함되어 있지 않기 때문에, 현재 동 회합 그 자체에 대해서 새로운 사료에 입각한 논의를 할 수가 없다.

그렇다고 하더라도 청운각 회합에 임하는 한일 양국의 입장

---

60) 日本外交文書 1853, p.73 및 p.82. 해당 문장의 일본어 번역문은 「대한민국정부는 국제연합총회결의 제195(Ⅲ)에 명기된 바와 같이 조선에 있는 합법적인 정부로서 유일하다는 것이 확인된다」라는 것이었다.(같은 문서 p.77).

을 비교하면, 격렬한 반대운동을 누르고 서울에서 한일기본조약 가조인을 실현시키고자 했던 한국 측이 보다 '불리'한 상황에 있었다고 말할 수 있다. 한국 측이 제안한 기본조약의 근간이 되는 구조약 무효확인 조항과 한국정부의 유일합법 확인 조항이 일본 측의 문안에서 최종적으로 결착되었기 때문에, 한국 측이 당초 상정하고 있었던 것보다도 일본 측의 의도가 보다 반영된 결과가 되었다. 단 일본 측의 입장에서 보자면 한국정부의 독립 승인, 한국정부의 관할권 문제, 독도 영유권 문제, 국제사법재판소 제소가 기본조약에서 없어지거나 희석되었다. 이러한 점을 감안한다면 한일기본조약은 한일 양국의 타협의 산물이었다고 말할 수 있을 것이다.

한일기본조약 체결 이후 한일 양국의 국회에서 특히 구조약 무효확인 조항 및 한국정부의 유일합법 확인 조항에 대해서 양국 정부가 자신들의 의견을 견지하면서 설명했다. 이를 통해 본다면 한일 양국은 이 조약의 논점에 대해 상대방이 자신의 입장을 견지하는 것을 묵인한 합의이지 않았을까 생각된다. 즉 식민지 지배에 대한 역사 인식의 논의도 그 결착을 뒤로 미뤘던 것이었다.

맺음말

　기본관계조약은 다양한 의제가 있었기 때문에 복잡해졌다. 맺음말에서는 다시 한번 구조약 무효확인 조항과 한국정부의 유일합법정부 확인 조항에 대한 교섭 과정을 정리하기로 한다.

　제1기는 한국 측이 제시한 구조약 무효확인 조항을 둘러싸고 한일 양국이 격론을 펼친 시기였다. 이때 이미 조선에 대한 식민지 지배를 합법(그리고 정당)이라고 하는 일본 측과 그것을 불법(그리고 부당)이라고 하는 한국 측의 기본 인식이 제시되었다. 특히 "무효"(null and void)라는 용어를 둘러싸고 한일 양국의 입장이 명확하게 나타났다.

　제2기는 한일 양국의 입장이 조정된 시기였는데 사료상의 관계로 일본 측 움직임에 주목하고자 한다. 일본 측은 구조약 무효확인 조항에 적극적으로 대응하려고 했던 적도 있었지만, 결국 한국정부의 유일합법정부 확인 조항과 함께 그러한 문제보다도 외교 관계 수립을 중시한다는 점을 재확인하기에 이른다. 이러한 의도에서 일본 측은 국회의 승인이 필요하지 않은 "공동선언" 형식을 제안했고, 이에 대해 한국 측은 일본과의 대일강화조약 체결에 준하는 조약 체결을 목표로 했기 때문에 "조약"의 형식을 양보하지는 않았다.

　그리고 제3기는 한일 조약 및 부속협정 타결의 첫 관문으로서 기본조약 체결이 서둘러진 시기였다. 그러나 10년 이상을 교섭하면서 한일 양국의 기본적인 입장이 같아지는 일은 없었다. 그 때문에 한일 양국이 서로의 입장에서 해석이 가능한 조문 작성에 심혈을 기울이게 되었다. 이와 같이 한일기본조약의 완성에 따라 식민지 지배 인식을 비롯한 현안들을 뒤로하고 한일국교정상화가 실현되었던 것이다.

제3장

'완전히 그리고 최종적으로 해결'된 청구권은 무엇이었는가 -재산청구권

제3장에서는 오늘날 '식민지 책임' 문제와 가장 관계가 깊은 재산청구권에 대해서 고찰한다. 이 문제에 대한 연구[1]는 많지만, 최근 공개된 외교문서를 이용하여 지금까지 충분히 거론되지 않은 다음의 세 가지에 대해 주목하기로 한다.

첫째, 재조일본인 재산을 둘러싼 논의의 검토이다. 기존 연구에서는 한국 측의 청구권, 특히 개인청구권이 어떻게 처리되었는가라는 문제에 초점이 맞춰져 왔다. 그러나 외무성의 문서를 읽어 보면 외무성은 그것과 같거나 보다 더 중요하게 재조일본인 재산 처리에 관심을 가지고 있었다.

둘째, 일본 측이 한국 측의 개인청구권에 대해 지불하려고 했던 제안을 검증한다. 기존 연구에서는 일본 측이 한국 측에 해당 문제 관련 증거를 제시하라고 자주 요구하는 것으로 한국의 청구금액을 줄이려고 했다고 지적되어 왔다.[2] 그러나 최근 공개된 문서에 따르면 이 접근에는 또 다른 의미가 있다는 것을 알 수 있다.

---

1) 太田修, 『日韓交涉―請求権問題の研究』クレイン, 2003年. 吉澤文寿, 『戰後日韓関係―国交正常化交涉をめぐって』クレイン, 2005年. 張博珍, 앞의 책.

2) 山田昭次, 「日韓条約の今日の問題点」(『世界』第567号, 1992年4月), p.56.

셋째, 한일 청구권 협정 제2조 제1항(자료 편 234쪽 참조)의 '완전히 그리고 최종적으로 해결'된 청구권 내용에 대한 검증이다. 기존 연구에서는 개인청구권에 대한 논의가 부족하거나, 전혀 논의되지 않거나 또는 기본관계문제와의 거래로 한국인의 개인청구권이 해결되지 않은 채 처리되었다고 논해졌다. 이 점에 대해서는 1961년 이후의 제6차 및 제7차 회담 시기의 논의를 상세하게 검토하는 것으로, 특히 일본 측이 소멸시키려 했던 청구권 내용을 재확인할 필요가 있다.

이상의 세 가지 논점은 '시작하며'에서 언급한 바와 같이 오늘날의 식민지 지배/전쟁피해자의 인권 회복 문제와 밀접하게 관련되고 있다. 이 문제는 한일 청구권 협정에 따라 '해결'되고 있는 것인가. 청구권 교섭의 검증은 최종적으로 이 물음으로 돌아가는 것이라고 생각한다.

1. 재조일본인 재산에 대한 관심

1945년의 패전 이후 일본정부가 관심을 가진 것은 재외일본 재산, 특히 사유재산의 행방이었다.[3] 외무성 조약국 조약과가 1948년 5월 2일에 작성한 「할양지역에 있는 양도국의 재산,

---

3) 이에 대한 최신 연구는 金恩貞, 「日韓国交正常化交渉における日本政府の政策論理の原点: 対韓請求権論理」の形成を中心に」(『国際政治』 第172号: 国際政治研究の先端10, 2013年3月)가 있다.

권리, 이익의 취급에 대해서」라는 문서는 이탈리아 평화조약을 중심으로 베르사유, 생제르맹 조약을 연구하면서 일본의 재외 재산을 어떻게 처분해야 할지에 대해 추측하고 있다(필자 주= 이탈리아 평화조약은 제2차 세계대전의 평화조약으로서 주축 국이었던 이탈리아가 21개국의 연합국과 1947년 2월 10일에 체결했다. 루마니아, 핀란드, 불가리아, 헝가리도 연합국과 평화조약을 체결하고 이탈리아 평화조약을 포함하여 '파리 조약'으로 총칭된다. 베르사유 조약은 1919년 6월 28일에 프랑스의 베르사유에서 제1차 세계대전의 연합국과 독일이 체결한 강화 조약을 총칭한다. 생제르맹 조약은 1919년 9월 10일에 체결되었다. 프랑스의 생제르맹 앙레 성에서 제1차 세계대전의 연합국과 오스트리아 제1공화국이 체결한 조약을 통칭한다). 외무성은 국유재산이 배상의 일부로 할양지역에 양도되는 것을 어쩔 수 없다고 여겼지만 사유재산에 대해서는 집착했다.

외무성은 사유재산에 대해서 특히 제1차 세계대전에서 독일이 모든 해외 식민지를 잃게 된 베르사유 조약의 규정에 주목했다. 베르사유 조약은 알자스 로렌 지방 및 독일 식민지에 대해 국적선택권을 엄중하게 제한하고 국적선택자의 퇴거에 대한 특별한 취급을 인정하고 있지 않다. 이것은 일본의 할양지역인 조선, 대만, 사할린 등에 거주하고 있었던 일본인들이 패전 후에 사실상 강제퇴거가 되었고 그 사유재산도 대부분 남았다는, 제2차 세계대전에서 패전한 일본의 참고 사례가 될 수 있다고 생각되었다.

단 외무성은 "조선에 있는 사유재산은 배상의 관념을 적용할 근거가 없고, 또한 이것을 공유재산과 같이 무상으로 조선으로 계승되게 하는 것은 불합리하기 때문에 어떠한 구제 조치가 적용되야 할 것이다"[4]라고 생각하고 있었다. 재조일본인 재산에 대해 일본정부가 생각하고 있던 청구권 주장의 기초를 엿볼 수 있다.

왜 일본 측은 재조일본인 재산 청구권을 주장했는가

1952년 2월부터 시작된 제1차 회담에서 한국 측이 「한일 간 재산 및 청구권 협정 요강」(대일청구 8항목)을 제시했는데, 이에 대해 일본 측은 재조일본인 재산에 대한 청구권을 주장했다. 한국 측이 제시한 요강의 요지는 다음과 같다.

① 조선은행을 통해 반출해 간 지금과 지은의 반환을 청구한다.
② 1945년 8월 9일 현재 일본정부가 조선총독부에 지고 있는 채무 변제를 청구한다.
③ 1945년 8월 9일 이후 한국으로부터 이체 또는 송금된 금품의 반환을 청구한다.
④ 1945년 8월 9일 현재 한국에 본사, 본점 또는 주된 사무소가 있던 법인의 재일 재산의 반환을 청구한다.

---

4) 「割讓地域にある讓渡国の財産, 権利, 利益の取扱について」(1948年5月2日付, 条約局条約課), 日本外交文書 1560, p. 6.

⑤ 한국 법인 또는 한국 자연인의 일본국 또는 일본국민에 대한 일본 국채, 공채, 일본 은행권, 피징용 한국인의 미수금 보상금 및 기타 청구권의 변제를 청구한다.
⑥ 한국인(자연인, 법인)의 일본정부 또는 일본인에 대한 개별적 권리행사에 관한 원칙.
⑦ 앞의 모든 재산 또는 청구권에서 발생한 모든 과실의 반환을 청구한다.
⑧ 앞의 모든 재산과 청구권의 반환 및 결제는 협정 성립 후, 즉시 개시하여 늦어도 6개월 이내 종료할 것

결국 재조일본인 재산에 관한 일본 측의 청구권은 1957년 12월 31일에 발표된 한일공동선언에서 대일강화조약 제4조 b

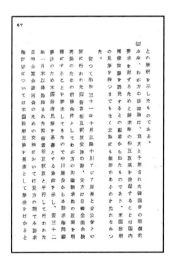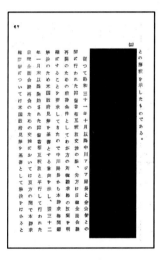

「현안 대일청구권의 경위 및 해결방침에 관한 참고자료」(1959년 1월 31일, 아시아국 총무참사관실, 일본외교문서 1600, p.71) 주6의 자료이다. 처음 공개가 결정되었을 때는 우측과 같이 비공개였으나, 외무성은 2013년 10월의 도쿄 지방재판소 판결에 따라 좌측과 같이 공개했다.

항에 대한 미국무성5) 각서를 통해 정식 철회되었다. 외무성도 인정하고 있는 바와 같이 일본 측의 청구권은 "방대하다고 예상되었던 한국 측의 배상 요구를 봉쇄하기 위해서" 주장되었던 것이었다. 한편 외무성은 "청구권의 상호포기 제안은 국내 보상문제를 유발한다"라고 생각하고 있었다.6)

1958년 2월 18일 자 문서에 따르면 외무성은 재조일본인 재산의 보상에 대해서 "연합국 내의 일본재산에 관한 처리와 완전히 같으며, 이것은 전쟁 피해자 전반에 대한 구제 문제로서 재정 그 외의 견지에서 종합적으로 검토되어야 할 문제"7)로 생각했다. 일본정부는 이와 같은 자세를 지금도 견지하고 있으며 1957년 5월 17일에 제정한 귀환자 급여금 등 지원법 이외의 조치를 취하지 않고 있다.

일본정부 외교문서의 미공개 부분 중 재조일본인 재산 관련 정보가 다수 포함되어 있으며, 외무성이 한국인에 대한 보상과 동등하거나 그 이상으로 재조일본인에 대한 보상문제에 신경을 써 왔다는 것을 알 수 있다.

---

5) 미국무성이 한국정부의 요청에 응해 1952년 4월 29일 자로 샌프란시스코 강화조약 제4조 b항의 해석을 제시한 각서를 말한다. ① 동 조항에 따라 일본은 미군정하의 남한에 남겨진 재산 및 그 이익에 대한 유효한 청구권을 주장할 수 없다, ② 그러나 일본이 유효하다고 인정한 자산의 처리는 강화조약 제4조 a항에 따라 결정하고, 즉 한일청구협정의 처리를 고려할 경우에 관련한다 등이 주요 내용이다. (「日韓請求權問題解決に關し平和條約第四條の解釈に対する米国の考え方に関する声明案」, 日本外交文書 1352, p.1).

6) 「懸案対日請求権の経緯及び解決方針に関する参考資料」(1959年1月31日付, アジア局總務参事官室), 日本外交文書 1600, p.71.

7) 「日韓関係問擬答」(1958年2月18日付, アジア局), 日本外交文書 1234, p.24.

제1장에서 동남아시아 국가들에 대한 일본의 배상에 대해 언급했는데, 전후 일본은 아시아에 대한 배상을 상당히 저렴하게 처리해 왔다는 것이 자주 지적된다. 그러나 '저렴하게 먹히는 배상'에 재조일본인 재산의 보상이 이행되지 않았다는 점이 포함되어 있었다는 것은 간과하기 쉽다.

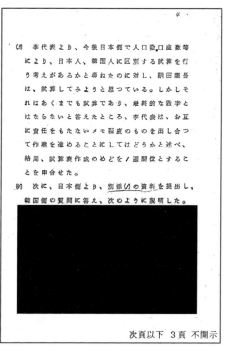

「일반청구권 소위원회 임시소위원회 제2회 회합」 (1961년 11월 30일 자, 북동아시아과, 일본외교문서 1223, p.11). 외무성 및 대장성 시산의 상세한 내용은 지금도 미공개 상태이다.

물론 재조일본인은 식민지 조선에서 지배자로서 군림해 온 사람들이며, 피지배자였던 한국인과 동등한 지위는 아니다. 청구권의 성질 또한 제국주의에 기초를 둔 활동들의 과실에 대한 대가와 제국주의에 따른 폭력이나 수탈에 대한 대가를 비

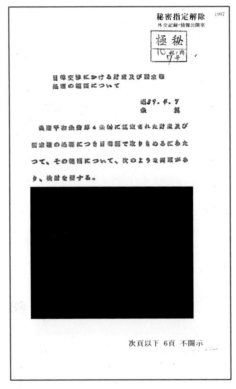

「한일교섭의 재산 및 청구권 처리 범위에 대해서」(일본외교문서 1907, p.1). 청구권문제와 대일강화조약의 관련에 대한 정보는 지금도 미공개 상태이다.

교한다거나, 하물며 상쇄한다거나 하는 것은 타당한 발상이 아닐 것이다.

하지만 귀환자로서 귀국한 그들 중에는 일본 사회의 주변 또는 저변에서 살아남기를 강제당하는 자들이 적지 않았다.[8] 그렇다고 한다면 '일본 대 아시아'라는 단순한 구도가 아닌, 예를 들어 일본제국주의의 소산으로서 형성된 구 내지거주자－귀환자－구 식민지 출신자라는 '전후 일본'의 중층 구조를 바탕으로 한 논의가 필요할 것이다.

2. 일본정부의 '채무 이행'안을 둘러싼 논의

외무성이 '채무 이행'을 검토하고 있었던 이유

제1차 회담은 일본 측이 재조일본인 재산에 대한 청구권을 주장했기 때문에 한국 측이 이에 항의하면서 결렬되었고 이로 인해 대일강화조약 발효까지 한일국교정상화는 실현될 수 없었다. 일본정부는 대일강화조약 발효 직후부터 한일회담의 재개를 모색하는데 그때 ① 전술한 미국무성 각서를 기초로 한 청구권의 상호 포기(108쪽 <주5> 참조), ② 한국인에 대한 채무 일부 이행 제안이 검토되었다.

---

8) 道場親信,「『戦後開拓』再考―『引揚げ』以後の『非／国民』たち」(『歴史学研究』第846号, 2008年10月).

즉 외무성은 1952년 11월 시점에서 "이전 회담이 성립되지 않은 주요 원인인 청구권에 관한 우리 측의 이전 해석을 재고한다. 샌프란시스코 평화조약 제4조 b항은 솔직하게 미국 측과 동일하게 해석하여 우리 측 청구권이 없는 것을 인정하고, 동시에 한국 측의 대일청구권도 포기시키기로 한다"[9]라는 방침을 제시했다. 또한 해당 취지에 따라 다음 해 3월에는 한일 청구권 협정안 제1조에 청구권의 상호 포기를 규정하고 제3조(제2안)에서 다음과 같은 조문을 검토하고 있었다.

제3조 일본국은 전기 제1조의 규정에 관계없이, 다음 사항에 대해 별도로 제정되는 일본국의 법령에 따라 이를 지불한다.
(Ⅰ) 1945년 9월 2일에 일본국 군대의 구성원이었던 한국인의 근무에 관한 급여, 군사우편저금 및 전상병자(戰傷病者), 전몰자에 대한 보상
(Ⅱ) 1938년의 국가총동원법에 따라 징용된 또는 총동원 업무에 협력을 명 받은 한국인 및 일본국의 육군 및 해군의 요청에 따라 전투에 참가한 한국인의 각각의 근무에 관한 급여 및 전상병자, 전몰자에 대한 보상
(Ⅲ) 일본국의 영역에서 예입된 우편저금, 계약된 간이생명보험 및 우편연금(미경과 보험료 및 연금 포함).
(Ⅵ) 은급. 단 총리부 은급국이 제정한 국고지변(国庫支辨)에 관계한 것에 한함.[10]

---

9) 「日韓国交調整処理方針」(1952年11月11日付, アジア局第2課), 日本外交文書 1043, p.1.
10) 「日本国と大韓民国との間の財産及び請求権処理に関する特別取極 (案)」(1953年3月25日付), 日本外交文書 1049, pp.11～12.

이러한 방침은 구보타 간이치로 외무성 특별고문이 수석대표를 맡은 제2차, 제3차 회담(1953년 4~10월)에서도 유지되었다. 제3차 회담 당시 외무성의 교섭방침은 한일 청구권의 상호 포기와 함께 "① 일본 육해군에 속한 군인 및 국가총동원법에 따라 징용된 한국인에 대한 급여, 그 외의 미지급금에서 일본의 법령에 따라 지불되는 것, ② 전전의 근무에 따라 일본의 은급을 받을 권리가 있는 한국인에 대한 은급으로 일본의 법령에 따라 지불되는 것, ③ 전후 일본에서 귀국한 한국인의 세관 차금"을 예외로 했다.[11)

구보타 특별고문은 1953년 10월 15일에 열린 제3차 회담 청구권분과위원회에서 "일본의 조선 통치는 나쁜 면만 있는 것이 아니라 좋은 면도 많았다"[12) 등의 발언으로 한국 측의 화를 불러 회담을 결렬시킨 장본인이다. 그러한 외무성이 한국 측의 개인청구권에 응하는 자세를 보이고 있었던 것은 의외라고 생각할지도 모른다. 그러나 이것은 외무성에서 전혀 모순된 것이 아니었다. 즉 일본의 조선 식민지 지배가 합법이라는 전제에 입각하고 있던 외무성은 미지급금이나 은급 등에 대해서 당연히 지불해야 할 금전이라고 생각하고 있었다.

그 증거로 전술한 외무성의 '채무 이행'안은 '구보타 발언'

---

11) 「高裁案 日韓交渉處理方針に関する件」(1953年10月17日決裁, アジア局第2課長), 日本外交文書 1061, p.8. 또한 외무성은 한국 관계 문화재 증여를 검토하고 있었다.

12) 「在韓日本財産の放棄と久保田發言の撤回について―日韓会談再開の二条件の問題点―」(1955年7月20日付, アジア局), 日本外交文書 1259, p.12.

으로 인해 한일회담이 4년 반 결렬되어 있었던 기간에도 유지
되었다. 1957년 3월의 외무성 교섭방침에서는 "개개인의 증빙
서류를 확인한 후 지불할 용의가 있다"고 하면서 ① 귀환 한
국인의 세관 차금, ② 군인, 군속 및 정부 관계 징용노동자에
대한 미지급 급여, ③ 전상자, 전몰 군인, 군속에 대한 조위금,
연금, ④ 일반징용노동자 중 부상자, 사망자에 대한 조위금, ⑤
미지급 은급, ⑥ 폐쇄기관 및 재외 회사의 잔여재산 중 한국인
명의로 공탁된 또는 장래 공탁될 것 등 6개의 항목을 열거했
고 대장성은 귀환 한국인의 세관 차금, 미지급 급여 및 은급에
대해서 지불이 가능하다고 했다.[13] 외무성은 제4차 회담이 시
작되기 직전인 1958년 3월 31일 자의 「청구권 문제에 관한 기
본 방침안」에서도 "한국인에 대한 일본정부의 채무(국채, 피징
용자의 미지급금 등)는 지불한다"[14]고 생각하고 있었다.

방침의 전환: '채무 이행'에서 '경제협력방식'으로

　1960년 10월부터 제5차 회담이 시작되었다. 한국 측은 일반
청구권소위원회에서 제1차 회담 당시 제시했던 대일청구권항목
(106쪽 참조)을 다시 제시했고, 드디어 이에 대한 구체적인 논
의가 시작되었다. 그러나 당시 일본정부 내에서는 특히 외무성
과 대장성이 입장을 조정하기 위해 여러 번 협의를 했다. 이

---

13) アジア局作成文書(1957年3月18日付), 日本外交文書 1518, pp.7~8.
14) 「財産権問題に関する基本方針案」(1958年3月31日付), 日本外交文書 1598, p.5.

과정에서 외무성의 '채무 이행'안은 급속하게 소멸되어 간다. 1961년 2월 7일에 열린 외무성과 대장성의 협의에서 청구권 교섭의 의제 순위에 대해 다음과 같은 논의가 이루어졌다.

　　외무성 측은 회담에 있어서 비교적 문제가 적은, 예를 들어 미지급 급여와 같은 것부터 먼저 토의하는 것이 어떠냐고 말했다. 이에 대해 대장성 측은 미지급 급여와 같은 것에 대해서 한국 측은 이미 받을 것같이 생각하고 있으며, 이러한 것부터 들어가는 것은 한국 측에 부당한 희망을 품게 하는 것이 되지 않을가. 오히려 8항목의 순서에 따라 이것도 안 된다, 저것도 안 된다 등으로 진행해 가는 것이 교섭 전술로서 유리하지 않는가라는 의견을 말했다.[15]

외무성이 "미지급 급여와 같은 것"부터 논의하려고 한 것에 대해 대장성은 반대했고, 오히려 한국 측의 청구 항목을 하나씩 부정하는 형태로 교섭해야 한다고 말했다. 주지하는 바와 같이 1961년 5월 10일에 열린 일반청구권소위원회에서 일본 측이 한국인 개인에게 직접 전달하는 형식으로 미지급 급여 등을 지불하겠다고 말한 것에 대해 한국 측은 이를 거절하고 "지불 문제는 한국정부 손으로 하겠다"[16]고 말했다. 기존 연구에서 외무성의 '채무 이행'안은 한국인 개인의 증빙자료 등을

---

15) 「請求権問題に関する大蔵省との打合会」(1961年2月7日付, 北東アジア課), 日本外交文書 1350, p.13~14.

16) 「第5次日韓全面会談予備会談の一般請求権小委員会の第13回会合」(1961年5月10日付, 北東アジア課), 日本外交文書 95, p.28.

제시하는 것을 전제로 하는 것이었기 때문에 대일청구액의 감소를 피하고 싶었던 한국 측에 받아들여질 수 있는 것이 아니었다고 논해졌다. 하지만 일본 측은 이러한 교섭 이전에 '채무이행'에 대해 소극적으로 변해 있었다. 따라서 한국정부가 일본정부의 개인보상제안을 거절했다고 하는 논의는 오해라고 할 수 있다.

이것은 후술하는 바와 같이 일본 측이 청구권 문제를 이른바 '경제협력방식'에 따라 해결하려는 방침으로 전환했기 때문이다. 한일 청구권 협정의 제1조에는 일본이 한국에 무상 3억 달러, 유상 2억 달러의 경제협력을 공여한다고 되어 있다. 이무상 3억 달러를 골자로 한 청구권 문제 해결안은 1961년 5월의 외교문서에서 확인할 수 있다.[17] 이것은 제1장에서 언급한 바와 같이 일본정부가 청구권 논의를 '보류'하기로 하면서 동시에 "과거의 보상이라는 것 없이 장래의 한국의 경제 및 사회복지에 기여한다는 취지"의 대한경제협력을 행한다는 것을 목표로 한 결과이다.

그 직후 한국에서 군사 쿠데타가 발생하여 박정희가 정권을 장악하자 한일회담은 타결을 향해 한층 속도를 높였다. 외무성은 1961년 9월 14일에 타국과의 배상 협정 금액을 참고로 하면서 대한경제협력에 대해 "청구권 처리 및 경제기술협력(무

---

17) 李鍾元, 「日韓会談の政治決着と米国 『大平・金メモ』への道のり」(李鍾元・木宮正史・浅野豊美編著, 『歴史としての日韓国交正常化 I 東アジア冷戦編』 法政大学出版局, 2012年).

상)" 2억 5,427만 달러, 누적채무 약 4,572만 달러, 5년간에 걸친 경제개발차관 2억 5,000만 달러를 공여하는 안을 작성했다.[18] 이것은 청구권 처리 및 무상경제협력에 당시까지의 한일 무역에 따른 한국 측의 누적채무를 더해 3억 달러로 하는 제안이다. 같은 해 11월 11일에 열린 한일정상회담에서 한국 측의 대일청구권와 관련하여 충분한 토의를 거친 후 청구권 문제 해결에 대해 정치 절충을 가진다는 것이 합의되었다.[19] 하지만 이때 일본 측에서는 경제협력방식에 따른 해결을 목표로 하고 그 논의를 해 나가고 있었다고 말할 수 있다.

외무성은 1962년 3월 12일부터 열릴 한일외상회담에 대해 다음과 같은 기본방침을 세우고 있었다.

첫째, 지금까지의 청구권을 둘러싼 논의를 다시 충분히 토의한다.

둘째, "(i) 사실관계 확인이 극히 곤란한 것, (ii) 관계 법규가 조선의 독립이라는 것을 전제로 하지 않는 것, (iii) 조선 전체에 대한 청구액에서 남한분을 산출하는 방법은 개괄적이 될 수밖에 없다는 것, (iv) 어떠한 형태로든(대일강화조약 제4조 b항에 대한-인용자 주) '미국해석'을 적용할 용의가 있다는 것 등의 사정이 있기 때문에, 법적 근거가 있는 청구권의 지불이라는 표면상의 이유를 관철하는 한 지불할 수 있는 것은 극히 적은 액수가 되지 않을 수 없다"는 것을 한국 측에 충분히 납득시킨 후에 "일본 측은 충분히 증거가

---

18) 「日韓請求權解決方策について」(1961年9月14日付), 日本外交文書 1360, p.3. 그 외에 청구권 및 무상협력으로 3억 달러로 한다는 안도 검토되었다.

19) 吉澤, 앞의 책, pp.128~131.

없는 것이나 실정법상의 근거가 빈약한 것에 대해서도 조리
(条理)나 국제관례에 비추어 타당하다고 인정되는 것에 대해
서는 이것들도 가미하여 해결할 용의가 있다"고 설명한다.
　셋째, "(ⅰ) 가능하면 한국 측으로 하여금 청구권을 포기
시키고 이에 대해 일본 측이 일정 금액을 증여하는 방식"
"(ⅱ) (한국 측이 (ⅰ)에 응하지 않을 경우는) 일본 측이 일
정 금액을 증여하고, 이에 대해 한국 측이 청구권의 완전히
그리고 최종적인 해결을 확인하는 방식" 중 어느 하나로 낙
착시킨다.[20]

　여기까지 논의가 진행된 단계에서 일본 측은 총액 약 1억
달러의 증여라는 안을 제시하려고 했었다. 또한 이 방침에서
전술한 한국 측의 누적 채무를 '마지막 카드'로서 교섭 최종
단계까지 보류하고 언급하지 않기로 했었다.

　즉 외무성은 이 단계에서 미지급 급여나 은급 등의 "법적
근거가 있는 청구권", 즉 식민지 지배의 합법성을 전제로 하여
그 법률 등에 입각한 한국인 개인의 채무를 포기시키고, 무상
경제협력에 따른 "청구권의 완전히 그리고 최종적인 해결"을
도모하려고 했었던 것이다.

　그러나 당시의 외상회담에서 금액을 제시하지 않았다. 같은
해 10월 및 11월에 열린 김종필 중앙정보부장과 오히라 마사
요시 외상의 회담을 통해 일본 측이 한국에 무상 3억 달러, 유
상 2억 달러의 경제협력 실시 및 민간차관 1억 달러 이상을

---

20) 「日韓政治折衝に臨む日本側の基本方針」(1962年3月7日付), 日本外交文書 718, pp.4
　～8.

약속하는 것으로 청구권 문제를 해결한다는 원칙적인 합의가 성립되었다.

이와 같이 일본정부는 한일 교섭이 진전되지 않는 단계에서 교섭을 촉진시키기 위해서 '채무 이행'안을 제기하고 있었다. 그러나 이승만 정권이 붕괴하고, 장면 정권 그리고 박정희 정권이 대일교섭에 보다 적극적인 자세를 보이자, 일본 측은 경제협력 공여를 통한 해결을 목표로 '채무 이행'안을 포기했다. 이러한 한일회담의 경위에 따라 일본 측은 식민지 지배의 합법성을 전제로 하면서도 한국인들에게 채무를 이행할 기회를 스스로 소멸시켰던 것이다.

3. '완전히 그리고 최종적으로 해결'된 청구권의 내용

한국정부에 대한 일괄자금공여

그렇다면 한일 청구권 협정에 따라 '해결'된 청구권 내용에 대해서 일본정부는 무엇을 상정하고 있었던 것일까. 외무성이 작성한 외교문서를 통해 이에 대한 일본정부의 생각을 읽을 수가 있다.

먼저 박정희와 이케다의 한일정상회담이 끝난 후 1961년 11월 15일에 열린 외교정책기획위원회에서의 외무관료 발언 몇

개를 예로 들어본다.

- 야스카와(安川): 개인 청구 부분이 많은데 이것을 개인에게 지불하게 된다면, 한국정부는 이익을 얻지 않고 경제건설을 위한 자금을 얻을 수 없게 되지 않는가.
- 우라베(卜部): 우리 측은 개인 것은 개인에게 지불하겠다고 생각하고 있다. 그러나 한국정부는 외화 또는 이를 대신하는 의미에서 일본의 자본재(제철소, 댐, 고속도로 등의 자재 등을 포함-인용자 주)가 들어가는 것이며, 이 자본재를 불하해서 개인에 대한 지불 자금을 만들면 좋겠다고 생각한다. 또한 개인 것을 개인에게 지불한다는 생각은 마지막까지 관철시킬 수가 없으며, 결국 한국정부에 지불을 위임하게 될지도 모른다. 그때는 재일조선인의 취급 방법에 대해 한국 측과 잘 이야기해 둘 필요가 있다.(중략)
- 니이제키(新関): 한국정부는 자금을 빨리 원하고 있으며 개인의 호주머니에 들어가는 것은 정부로서는 곤란하지 않은가.
- 우라베: 은급과 같은 것은 한국정부에 자금을 건네고 개인에 대한 지불은 한국정부의 책임으로 하는 것도 일반적으로 가능한 것이다. 한국정부가 바라는 엔 자금이 이렇게 해서 생기는 것이다.[21]

이와 같이 외무관료들은 한국정부가 경제개발을 위해서 엔자금을 획득하려고 하는 것을 전제로 개인청구권을 명목으로 하는 것도 포함하여, 한국정부가 그것을 확실하게 관리할 수

---

21) 「第一七八回外交政策企画委員会記録」(1961年11月15日付, 官房総務課外務参事官), 日本外交文書 1368, pp.9~11.

있는 형태를 목표로 하고 있었다. 우연이기는 하지만 우라베 도시오(卜部敏男) 외무성 참사관이 일본의 자본재를 불하하여 한국 국내에서의 보상금 재원을 만들면 된다고 한 발언은 한일국교정상화 이후 한국정부가 채용한 정책과 거의 일치한다.

일본인에 대한 보상도 회피하는 방침

한국정부는 8항목 중 제6항 "한국 법인 또는 한국 자연인 소유의 일본 법인 주식 또는 그 외 증권을 법적으로 인정할 것"에 대해 국교정상화 이후의 대일청구를 인정하게 하려고 주장했다. 이와 관련하여 한일외상회담의 준비작업으로 작성된 1962년 3월의 자료에 따르면 외무성 조약국 법규과는 국교정상화 이후에 한국의 청구권을 일절 인정하지 않고 시효의 진행 정지 조치도 취하게 하지 않는다는 자세를 보이고 있었다.22) (필자 주=시효란 법률로 일정한 사실 상태가 일정 기간 계속된 경우에 진실한 권리 관계에 합치하는지의 여부를 묻지 않고, 그 결과 상태를 존중하여 권리의 취득, 상실이라는 법률효과를 인정하는 제도. 시효의 진행이 정지된다면 시간의 경과에도 불구하고 법률효과가 인정된다. 즉 청구권 주장이 가

---

22) 「要綱六に対する方針案 (未定稿)」(1962年3月8日付, 条約局法規課), 日本外交文書 718, pp.16~22. 또한, 예외적으로 시효를 인정하는 항목으로 ① 폐쇄기관, 재외회사의 재일재산청산에 따르는 한국 거주 한국인 주주(원래의 주주에 한함)에 대한 잔여 재산분배분의 청구권, ② 생명보험준비금에 대한 한국 거주 한국인의 청구권, ③ 무기명 유가증권류(회사채 주식 포함)에 대한 한국 거주 한국인의 청구권(현물 제시를 조건으로 함)을 들고 있다.

능하다. 외무성은 그와 같은 시효 진행정지 조치를 인정하지
않는다고 말한 것이다). 또한 외무성은 김종필-오히라 회담 이
후인 1962년 12월 25일에 이승만 라인 '침범'을 이유로 한국
경비정에 나포된 일본 어선의 반환 청구를 요구하는 대장성에
대해 앞으로 나포 어선에 대한 청구를 하지 않는다고 하면서
다음과 같이 설명했다.

  외무성이 생각하고 있는 해결방식은 '청구권을 포기한다'
는 표현은 취하지 않고 '앞으로 반환 청구를 주장하지 않는
다'고 하는 것으로, 대장성이 걱정하고 있는 것과 같은 포기
방식은 아니다. 그리고 그 법률적인 설명은 외교 보호권의
포기이며 개인이 직접 청구하는 권리까지 소멸시키고 있는
것은 아니라는 입장을 취한다. 또한 어민이 실제로 필요한
것을 만족시키기 위한 별도의 입법조치를 강구하여, 나포
어선에 대해 위로금을 지급함으로써 문제를 해결하는 것이
적당하다고 생각하고 있다.[23] (필자 주=외교 보호권이란 자
국민이 일반적으로 외국에서 그 신체나 재산을 침해당하여
손해를 입은 경우, 국가가 그 침해를 자국에 대한 침해로 여
겨 상대국의 국제법상 책임을 추궁하는 권리이다. 단 외무
성에 따르면 이것은 국가가 가지는 권리이며 개인의 권리를
국가가 대신하여 행사하는 것은 아니다).

여기에서 주목할 만한 점은 나포 어선에 대해 청구하지 않
는 것이 청구권 포기가 아니라는 설명이다. 즉 외무성은 외교

23) 「日韓船舶問題解決方策に関する問題点(討議用資料)」(1962年12月25日付, 北東アジア
課), 日本外交文書 638, pp.4~5.

보호권만을 포기하는 것이며 개인의 청구권을 소멸시키는 조치가 아니라는 것을 설명하고 있다. 이러한 이해하기 어려운 의견의 배경에는 재조일본인의 재산처리문제가 있다. 외무성은 일본 어민에 대해서 보상금이 아닌 위로금을 지급하는 방침을 생각하고 있었다. 그것은 전술한 바와 같이 귀환자 급여금만을 지불해서 처리한 재조일본인 재산의 대응과 합치한다.[24] 즉 외무성은 일본인이 가지고 있는 청구권에 대해서도 국내 보상을 회피하면서 애매하게 처리한다는 방침을 추진했던 것이다.

대장성이 고집한 '완전히 그리고 최종적인 해결'

이와 같은 논의를 거친 후 최종적으로 협정문을 검토하는 단계에서 '완전히 그리고 최종적으로 해결'된 청구권의 내용은 보다 엄밀하게 논의되었다. 그 내용은 외무성이 교섭 기록을 정리하여 작성한 「한일국교정상화 교섭의 기록」에 상세하게 나와 있다. 1965년 3월 24일부터 도쿄에서 한일외상회담이 시작되고 이때 청구권 문제 해결을 둘러싼 한일 간의 의견 차이가 있자 대장성은 외무성을 여러 번 지적했다. 시이나 에쓰사부로 외상이 3월 29일 자로 작성한 한일 간의 합의안에서 '청구권 해결'은 "관계 협정의 성립 시에 존재하는 한일 양국 및 양 국민의 재산과 양국 및 양 국민 간의 청구권에 관한 문제는 샌프란시스

---

24) 위의 문서, p.6.

코 평화조약 제4조에서 규정하는 것을 포함하여 완전히 그리고 최종적으로 해결된 것으로 한다"[25]고 되어 있다. 이 안에 대해 대장성은 "구체적으로 한국 측이 요구한 청구권을 없애지 않으면 좋지 않다"[26]라면서 다음과 같이 우려를 나타냈다.

> 대장성은 이전부터 청구권 쪽이 확실하게 정해지지 않은 채 내팽개쳐졌고 앞으로도 경제협력만을 취하는 것은 좋지 않다고 생각한다. 게다가 한국 측은 여러 청구권이 아직 있다는 모습을 보이고 있기 때문에 "그래서는 곤란하다. 한국 측의 청구권이 완전하게 없어지는 것이 서명할 문장(4월 3일에 가조인된 합의사항-인용자 주)에 명확하게 나타나야 한다"고 강하게 주장했다….[27]

그리고 대장성은 "특히 이 8항목을 해결에 관한 취지를 확실하게 남겨두는 것을 강경하게 주장했고, 이것을 집어넣지 않으면 합의사항을 결정하는 각료회의에서 도장을 찍지 않겠다"[28]라고까지 주장했던 것이었다. 이러한 강경한 압력을 받은 외무성이 한국 측과 교섭을 진행한 결과 1965년 4월 3일에 청구권, 법적지위, 어업 문제에 관한 합의사항이 가조인되기에 이른다. 이 '청구권 해결'에 대한 합의 내용은 전술한 "… 완전히 그리

---

25) 「日韓国交正常化交渉の記録(請求権・法的地位・漁船問題合意事項イニシアル)」, 日本 外交文書 1128, p.200.

26) 위의 문서, p.223.

27) 위의 문서, pp.224~225.

28) 위의 문서, p.226.

고 최종적으로 해결된 것으로 한다"라는 문안만이 공표되었고 다음과 같이 공표되지 않은 합의의사록(자료 편 238쪽 참조)이 추가되었다.

> 완전히 그리고 최종적으로 해결된 것이 되는 양국 및 그 국민의 재산, 권리 및 이익과 양국 및 그 국민 간의 청구권에 관한 문제에는 한일회담에서 한국 측이 제출한 "한국의 대일청구요강"(소위 8개 항목)의 범위에 속하는 모든 청구가 포함되어 있고, 따라서 동 대일청구요강에 관해서는 어떠한 주장도 할 수 없게 된다는 것을 확인하였다.[29]

대장성은 이 합의의사록을 높게 평가하고 "청구권에 대해 공표하지 않은 이 합의의사록이 유일한 방어책으로, 자칫하면 한국에 당할 참이었다. 이것으로 우리들은 장래 협정을 작성할 때 상대방의 사적 청구권까지 없애는 것에 대한 실마리를 만들었다고 생각했다"[30]라고 말하고 있다.

'청구권'은 '트집 잡을 권리'

가조인 이후 조문화 작업이 본격적으로 진행되었다. 특히 한일 청구권 협정 제2조에 대한 일본안 작성 과정에서 당시 교섭을 담당했던 사토 쇼지(佐藤正二) 외무성 관방심의관의 다음과 같은 기술은 주목할 만하다.

---

29) 위의 문서, pp.240~241.

30) 위의 문서, p.230.

제2조의 심의는 '청구권' 취급이 큰 문제였다. 첫 번째 안에서 '재산, 권리, 이익'이라고 넣었던 것이지만 그것과 '청구권'이 관념적으로 그다지 분리되어 있지 않았다. 법제국이 심의했을 때부터 도대체 청구권은 무엇인가라는 말이 되었다. '재산, 권리, 이익'은 국내법상 establish 된 것이며 '청구권'이 그 외의 것이라는 관념이라면 일종의 '트집거리'를 만드는 것과 같은 권리가 아닌가라는 말이 되었고, 여기에서 소위 처분의 대상이 되는 것은 그 트집 잡을 권리가 아닌 오히려 '재산' '권리' '이익'의 실체적인 권리를 처분의 대상으로 하면 되지 않는가라는 생각이 점점 확실해졌다. 이러한 생각이 확실해짐에 따라 조문안도 변해 갔다. 그렇지만 청구권은 남지 않는가라는 논의, 예를 들어 구타를 당하고 재판 중에 실체적으로는 아직 손해배상청구권이 발생하지 않고 있지만, 문구는 말하고 있는 것과 같은 것까지 없애야 하기 때문에 후에 '청구권'이라는 자구를 조문에 넣었던 것이다.

　또 하나의 문제는 북한에 대한 고려이다. 북한의 청구는 어떻게 할 수가 없다. 이것은 남는다는 말이었다. 또한 종전 당시 조선에 있던 사람으로 지금 제3국에 가 있는 사람들이 가지는 권리에 대해서도 한국정부로서는 어떠한 이야기도 할 수 없다. "관할하에 있다"라는 단어는 그러한 생각에서 나온 것이었다.[31)]

　먼저 인용한 내용의 앞부분을 한마디로 말하면 한일 청구권 협정 제2조에 있는 '청구권'은 일본의 국내법상 확립된 '재산, 권리, 이익' 이외의 '트집 잡을 권리'라는 생각이 드러나 있다. 앞 절에서 말한 바와 같이 일본정부가 말하는 "법적 근거가 있

31)「日韓国交正常化交渉の記録 總說 13」, 日本外交文書 1316, pp.174~175.

는 청구권"은 이 '재산, 권리, 이익'일 것이다. 그렇다고 한다면 일본정부가 인정하지 않는 청구, 즉 일본의 식민지 지배 책임을 묻는 것과 같은 청구는 모두 '트집 잡을 권리'로서의 '청구권'이 된다. 이와 같이 대장성뿐만이 아니라 외무성도 한국 측의 모든 청구권을 소멸시키려고 고심하고 있었다는 것을 알 수가 있다.

또한 인용한 내용의 뒷부분과 같이 일본정부는 한반도 북부 문제에 대해서도 계속 관심을 가졌다. 북한정부의 청구권만을 말하고 있지만, 일본정부는 한반도 북부의 재조일본인 재산 문제에 대해서도 신경을 쓰고 있었다. 한일 청구권 협정 제2조는 제1항만 주목된다. 그러나 실제 제3항의 "관할하에 있다"라는 문언이야말로 외무성의 생각을 표현하는 것이었다. 사토는 1965년 6월 22일부터 시작된 최종 조문안 작성을 위한 교섭 당시의 모습에 대해서 다음과 같이 말하고 있다.

> 한국 측이 시종일관 말하고 있었던 것은 일본 안은 숲으로 들어간 개를 죽이기 위해서 숲을 모두 태워 버린다라는 생각이다, 그게 아니라 개를 끌고 나와서 그것을 죽이면 되지 않는가라는 것과 같은 것을 말하고 있었다. 이에 대한 논의는 꽤 했다.
> 한국 안은 늦은 밤 2시부터 3시, 즉 18일 아침에 가져왔다. 한국 안을 보자면 우리 측의 개를 죽이는 생각이 3항에 나오고 있었기 때문에 이것으로 됐다고 생각했다.[32]

---

32) 위의 문서, pp.188~189.

여기에서 '개'는 한일회담에서 논의되지 않았던 청구권을 주장하는 개인으로 생각된다. 일본 측은 한일 청구권 협정을 통해 이에 대한 청구권을 모두 주장할 수 없게 만들려고 했다. 그 구체적인 조치가 동 협정 제2조 제3항에 규정되었다. 일본 측은 '타방의 체약국의 관할하에 있는 것에 대한 조치'에 대해서 어떠한 주장도 할 수 없다는 조문이라고 간주했다. 한편 한국 측은 그에 대한 청구권을 개별적으로 대처해야 한다는 입장이었다. 한일 양 국민의 청구권 주장을 '개 죽이기'로 간주한 논의는 한일 양국의 외교 관료들의 생각을 적나라하게 나타내고 있는 기술이다.

일본정부는 이상과 같이 경제협력방식에 따라 청구권 문제를 해결하고 동시에 한국 측의 모든 대일청구권을 '없애는' 일에 혈안이 되어 있었다. 일본정부의 논리는 한국정부가 식민지 지배 당시에 원인이 있는 어떠한 청구권도 일본 측에 주장할 수 없게 되는 것을 목표하고 있었다. 일본정부는 한일 청구권 협정에 따라 개인의 청구권 자체를 소멸시키는 의도를 가지고 있지 않았고, 한일 양국의 외교 보호권만을 처리한 것으로 간주하고 있다.[33] 이러한 입장의 밑바탕에는 일본의 식민지 지배를 합법화하고 그 법률에 근거한 것만을 "법적 근거가 있는 청구권"으로 삼아 그 이외의 것을 정당한 청구로서 인정하지

---

33) 이에 대해서는 졸고「日韓請求権協定と戦後補償問題の現在-第2条文化過程の検証を通して」(『体制移行期の人権回復と正義』[平和研究 第38号], 早稲田大学出版部, 2012年) 참조.

않는다는 생각이 있다.

상정되지 않은 전쟁범죄에 관한 청구권

또한 외무성은 대일청구 8항목을 "한국이 일본에서 분리 독립한 것에 따라 처리할 필요가 생긴, 이른바 전후 처리적인 성격을 갖는 한일 양국 간의 재산 및 청구권 문제"로 이해하고 있었다. 따라서 "종전 후 한국인이 일본을 떠난 채 일본에 남긴 재산, 권리, 이익"이 일본 측에서 "최종적으로 처분된다"라고 하더라도 청구권 그 자체가 전쟁이나 식민지 지배에 대한 배상이 아닌 "한국이 일본에서 분리 독립함에 따라" 발생한 이른바 민사(民事)적인 또는 재정(財政)적인 성격의 것이었다는 것에 유의해야 할 것이다.[34]

한일 청구권 협정 체결 이후의 사료를 검토해도 일본정부의 위와 같은 대일청구 8항목에 대한 생각을 알 수 있다. 일본정부가 공개한 문서 중에는 노동성, 대장성, 후생성 등이 동 협정과 관련한 한국 측의 개인청구권을 소멸시키기 위해 작성한 내부자료들이 있다. 각 부처와 관련된 청구권은 아래의 <표>와 같다. 이러한 것들은 모두 식민지 시기의 법률 관계를 전제로 하는 재산 및 청구권이다. 앞선 청구권 문제에 대한 정의에 맞춰 <표>의 내용을 보아도 일본군 '위안부' 문제 등 전쟁 범

---

34) 「財産及び請求権問題解決条項(第2条)について」(1965年6月18日付), 「日韓国交正常化交渉の記録 總說 13」, 日本外交文書 1316, pp.204〜206.

죄에 따른 피해에 대해서 상정되어 있지 않았다고 말할 수 있을 것이다. 게다가 원폭피해자에 대한 구제 조치 등 한일 국교 정상화 이후에 제기된 문제도 논의 대상이 되지 않았다는 것을 확인할 수 있다.

<표> 일본정부의 각 부처에 관계한 한국 측의 개인청구권 소멸 대상 항목 일람

부처	내용
노동성	(1) 법령, 취업규칙, 노동계약 등에 기반한 임금, 퇴직금, 여비, 산재부조비 등으로 미지급이 되어 있는 것 (2) 사업주가 보관하는 한국인 노동자의 적립금, 저축금, 유가증권에서 반환되어 있지 않은 것
우정성	(1) (저금국 관할) 우편저금, 우편환, 우편대체저금 (2) (간이보험국 관할) 간이생명보험, 우편연금
대장성	(1) (은행 관계) 예저금, 어음법·수표법상의 채무, 미지급송금환, 외상, 차입금 그 외의 채무, 보호예수·담보, 그 외 보호 물건 (2) (보험 관계) 　① (담보) 미지급보험금, 계약의 무효·실효·해제 등에 따른 반려보험료, 재보험거래의 검토 및 환불 　② (생명보험) 해약반환금(책임준비금) (3) (유가증권관계) 국채, 저축채권, 보국채권, 복권 등, 사채·주식 (4) (폐쇄기관·재외 회사 관계) 공탁물, 신회사보관분 (5) 세관보관 물건 (6) 통화 (일본은행 신권) 　※ 이 중, 유가증권관계는 "검토 중", 통화는 "소멸시키기 어려움"이라고 되어 있음.
총리부 은급국	은급
법무성	공탁금(국외거주 외국인 등에 대한 채권의 변제를 위해 행하는 공탁의 특례에 관한 정령(1950년 정령 22호)에 기반한 공탁금)
문부성	저작권
후생성	(1) 미귀환자 유수가족 등 원호법, 미귀환자에 관한 특별조치법 및 전상병

원조국	자 특별원호법에 기반한 각 원호 (2) 전상병자 전몰자 유족 등 원호법에 따른 장해연금, 유족연금 등의 지급 (3) 귀환자 급부금 등 지급법에 따른 귀환자 급부금 및 유족 급부금 (4) 전몰자 등의 부인에 대한 특별급부금 지급법에 따른 특별급부금 (5) 전몰자 등의 유족에 대한 특별조위금 지급법에 따른 특별조위금 (6) 그 외 ① 군인 및 군속 등에 대한 미지급 급여 ② 물품납입대 등 ③ 계약해제에 따른 보상 ④ 손해배상 ⑤ 1950년 8월 16일 이후에 발생한 상기 2, 3, 4호의 채권

※ 출전: 「한일청구권협정 서명에 따른 관계법률의 정비에 대해서」(1965년 8월 5일 자, 사무차관 등 회의 합의<안>)부터 시작되는 일련의 사료들(일본외교문서, 문서번호 1226)을 바탕으로 필자 작성.

맺음말

제3장에서는 일본정부를 중심으로 청구권 교섭을 재검토했다. 해당 논의들을 정리하면 다음과 같다.

첫째, 일본정부는 청구권 교섭을 통해 한국인의 대일청구권뿐만이 아니라 재조일본인 재산 문제도 해결하려고 했던 것이었다. 이른바 청구권 교섭은 이 두 가지의 청구권 문제를 해결하기 위한 연립방정식이었다. 재조일본인 재산에 대한 일본 측의 청구권은 대일강화조약 제4조 b항을 위해서 처음부터 인정되지 않았다. 그로 인해 일본정부는 재조일본인 재산의 보상문제를 모호하게 할 방책을 생각했다.

또한 일본정부는 재조일본인 재산에 대한 청구권 주장으로 정체된 교섭을 타개하기 위해서 한국인에 대한 채무 이행을 검토했다. 그러나 경제협력방식이 부상하자 한국인의 청구권 '봉쇄'를 목표로 했다.

일본정부는 이 두 가지 목표를 달성하게 위해서 청구권 교섭에 임했고 한국 측과 함께 협정문을 작성했다. 그 결과 한일 청구권 협정은 한일 양국의 외교 보호권만을 소멸시키고 개인 청구권의 처리에 대해서는 애매하게 한 채 이른바 '반 죽이기' 위한 내용이 되었다.

둘째, 한일회담의 재산청구권 교섭에 관한 기존 연구는 주로 외교문서를 이용해 왔다. 그러나 일본 측 교섭 과정을 보아도 대장성이 외무성과 자주 회합하고 자신들의 의견을 교섭에 반영시키려고 한 것을 알 수가 있다. 한국 측에서 재정을 담당하는 부처는 경제기획원과 재무부였다. 따라서 이러한 각 부처의 입장을 알 수 있는 문서를 상세히 검토하는 것이 앞으로의 연구를 진전시키는 데에 필요하다.

셋째, 완전히 그리고 최종적으로 해결된 '청구권'의 내용에 대해서 다시 정리하기로 한다. 일본 측의 의도는 한국 측 청구권의 '봉쇄'였고, 교섭 결과 한국 측이 일본 측의 의견을 참작한 협정 문안을 제시했다. 한국 측은 일본 측의 '개 죽이기에 대한 생각'을 어느 정도 받아들였다고 간주할 수가 있다. 단한국 측이 상정한 청구권 문제의 해결은 '개를 끌어내서 그것을 죽인다', 즉 국교정상화 이후에 나타난 청구에 대해서 각각

대체해야 한다는 것이었다.

완전히 그리고 최종적으로 해결된 '청구권'에 대해서 한일 양국은 정말 합의했는가. '개에 대한 논의'는 지금까지도 계속되고 있는 것은 아닌가. 한일 양국의 외교관료가 '개'에 비유한 식민지 지배와 전쟁 피해자들이 지금까지 끈질기게 자신들의 피해를 계속 호소한 결과, 드디어 한일 청구권 협정의 벽이 무너지고 있는 듯하다. 다시 한번 사료를 상세하게 검토하여 한일 청구권 협정을 되돌아볼 필요가 있을 것이다.

제4장

재일조선인의
'소거'를 목표로
–'재일한국인'
법적지위

제4장에서는 한일회담의 '재일한국인' 법적지위 위원회(이하 법적지위 위원회. 또한 이 호칭은 시기에 따라 다소 변화가 있음) 논의에서 드러난 한일 양국의 주장을 검토하면서 '재일한국인' 법적지위 협정의 '협정 영주'(協定永住)의 의미를 밝히기로 한다. 그리고 '협정 영주'가 갖는 현재적 의미를 고찰하고 앞으로의 전망을 제시하는 것을 목표로 한다.

　재일조선인에 관한 논의는 법적지위 위원회에서 이루어졌고 이 의제는 국적, 재류허가(영주 허가 및 강제퇴거), 처우 등과 관련된 것이었다. 제4장에서는 '협정 영주'와 함께 이를 부정하는 강제퇴거가 규정된 경위를 검토한다. 한편 '협정 영주'를 둘러싼 논의에서 국적 문제도 중요했다. 그것은 한국 국적/조선 국적이라는 남북 분단에 관한 것이었을 뿐만 아니라 일본 귀화를 둘러싼 문제도 포함하고 있었다. 따라서 국적 문제에 관한 논의도 고찰하기로 한다.

　법적지위 교섭의 시기 구분은 제1장에서 제시한 것과 같다. 즉 대일강화조약 발효까지 그 타결을 목표로 했던 제1기(1952년 4월 제1차 회담 종료까지), 대일강화조약 발효 후에 회담의 진행이 정체되고 동시에 한일 양국이 재일조선인의 강제퇴거

문제, 평화선(이승만 라인)으로 인한 일본인 어부억류 문제, 재일조선인 귀국 문제 등의 현안들을 논의한 제2기(제2~4차 회담, 1953년 4월~1960년 4월), 그리고 한국의 경제발전이라는 큰 목표를 위해서 회담이 타결로 향하는 제3기(제5~7차 회담, 1960년 10월~1965년 6월)이다. 이하에서는 이 시기 구분에 따라 법적지위의 교섭 과정을 검토한다.

1. 대일강화조약 발표까지의 교섭

일본정부의 '회복+귀화'[1] 방침

일본의 법무부 민사국이 작성한 1951년 8월 6일 자 자료에 따르면 크게 ① "조선인은 일본국 거주자를 포함하여 조약의 효력 발생과 함께 일본 국적을 상실한다", ② "조약의 효력 발생 후 조선인의 일본 국적 취득은 오직 국적법 중 귀화 규정에 따르는 것으로 한다"고 되어 있다.[2] 대일강화조약 발효에 따라 재일조선인의 일본 국적을 박탈한 근거는 한국병합 이래 '내지'(內地) 일본과 '외지'(外地) 조선의 호적 관련 법규가 달랐던 것에 있다(필자 주=식민지 시기의 조선인은 일본

---

1) 이 용어는 松本邦彦, 「在日朝鮮人の日本国籍剥奪―日本政府による平和条約対策研究の検討」(『法学』 [東北大学法学会] 第五二巻第四号, 1988年10月)를 따랐다.

2) 「平和条約に伴う国籍問題等処理要綱(案)」(1951年8月6日付, 民事局), 日本外交文書 548, p.1.

국적 보유자로 간주되면서 그 호적은 1923년에 정해진 조선 호적령에 근거한 호적제도에 따라 관리되었다. 당시 일본은 일본 내지와 외지의 신분 관리를 호적제도에 따라 행했다). 즉 일본정부는 식민지 지배의 차별 원리를 재일조선인 정책에 그대로 적용하려고 했던 것이다.

일본정부는 대일강화조약 연구 작업 초기에 재일조선인에게 국적 선택권을 부여하고 일본 국적을 선택하지 않았던 자를 조선으로 송환하는 '선택권+송환권'안을 검토하고 있었다. 그러나 "① 국적 문제에 대해서 GHQ나 연합국의 관여 없이 일본정부에 완전한 자율권이 부여된 것, ② 연합국 조치에 따라 재조일본인은 모두 귀환했다는 판단에서 일본이 일방적으로 조선과 국적 문제를 처리하더라도 조선에 있는 일본인에 대한 영향(및 일본에서의 반향)은 무시할 수 있게 되었던 것"[3] 에 따라, 일본정부는 최종적으로 대일강화조약 발효에 따른 일본 국적 박탈이라는 방침을 확정시켰다. 이 방침은 한일회담 개최 직전에 외무성 출입국 관리청이 작성한 「국내 조선인의 법적 지위에 관한 대한절충방침안」에도 나타나 있다. 단 이 안에서 재일조선인의 국적이 '한국' 국적으로 회복한다는 것이 규정되어 있었던 것 같다.[4] 이것이 이른바 '회복+귀화' 방침이다.

3) 松本邦彦, 앞의 글, p.145.
4) 「国内朝鮮人の法的地位に関する対韓接衝方針 (案)」(1951年9月28日, 管理局総務課), 日本外交文書 549, p.1.

結論

一、朝鮮人の日本への帰化の問題を現行国籍法の規定するところに
従つて平等に律すべきところを審査すれば、日本在住の一朝
鮮人が平和条約締結後に日本への帰化を希望する者に
は、住所要件を具備しているので、事務を簡素化に処理する
に越したことはあるまいとか母語因習に慎重を期すべしとか
に越せないことのためこの場合化が許可される者と
のものは格ぎべきものとか母語因習者とか許論に処する
ものは格ぎべきものと思ふ。母語簡化が許可される者と
もなりも母らむ。思想及び治安の問題などとも考えられる、平和条
約締結後は、前述の如く日本在住の一朝鮮人の大部分を一応永
住の外国人として認めることは事実上望ましくなく、
ては、国籍法第四条第一号、第四号及び帰化人として
て、その簡化を創設して好ましからぬ外国人として
聖發創設妄覚せるとさ大きる論を置いて在るとなり
要が高きとも是がなれば※

「평화조약 체결 후의 국내『조선인』지위에 관한 약간의 고찰」(관리국 총무과, 일
본외교문서 548, p.15쪽) 주6의 자료이다.

그런데 전술한 법무부 민사국 자료에서 출입국 관리청은 재일조선인에게 '기득권으로서' 영주를 인정하지 않을 수 없다고 하면서도 다음과 같은 의견을 덧붙였다.

재류자격을 변경하여 영주를 희망하는 '조선인'에 대해서 출입국 관리령의 규정대로 그 자의 행실이 선량하고 독립적인 생계를 영위할 수 있는 재산 및 기능이 있는 것, 그리고 그 자의 영주가 <u>일본국의 이익에 부합한다고 인정될 때에 한해</u> 이것을 허가하면 된다.[5]

이와 함께 출입국 관리청은 귀화 신청자 선택을 통해 "외국인으로서 바람직하지 않은 '조선인'을 강제퇴거시킬 수 있는 길을 열어 놓은 것과 같이 배려할 필요가 있다"고 결론짓고 있었던 것이다.[6]

즉 일본정부는 대일강화조약 발효에 따라 재일조선인의 일본 국적을 박탈하고 외국인으로서 명백하게 관리하며, 동시에 "일본국의 이익에 부합하는" 조선인의 귀화를 인정하고 그 외의 조선인을 "바람직하지 않은 외국인"으로 강제퇴거시킴으로써 '재일조선인 문제'를 해결하려고 했던 것이다. 일본정부가 이러한 동화와 배제를 병용하는 일본의 식민지주의를 기반으로 재일조선인 관리 체제의 완성을 목표로 한 것이 바로 한일

---

5) 「平和条約締結後における国内「朝鮮人」の地位に関する若干の考察」(管理局総務課), 日本外交文書 548, pp.8~9.

6) 위의 문서, p.15.

회담이었다.

예비회담과 제1차 회담의 논의

한편 한국정부는 제헌국회에서 부계 혈통주의적인 국적법을
제정했다.[7] 그러나 대한민국 주일대표부는 재일조선인의 한국
국적을 시급하게 확정시킬 것을 요청했다.[8] 특히 주일대표부
는 연합국총사령부(GHQ/SCAP) 외교국의 시볼드(William J.
Sebald) 대사에게 일본에서 활동하는 "일부 악질적인 공산계열
인물"의 강제퇴거를 요청했는데, 새롭게 제정된 출입국 관리령
(1951년 10월 4일 제정)이 1945년 9월 2일 이후 일본에 온
"선량한 한국인"에게도 적용될 우려가 있다는 것을 알고 한국
정부에 대책을 요구하고 있었다.[9]

이에 대해 외무부는 법무부와 협의한 후 주일대표부에
GHQ/SCAP과 교섭하여 "재일동포는 모두 대한민국 국적을
갖고 있다는 것"을 확인시키도록 지시했다.[10] 그러나 연합국총

---

7) 『대한민국 국회 제1회 속기록』 제118호, p.1144.

8) 「대일강화조약에 관한 기본태도와 그 법적 근거 (주일대표부 안)」(1950년 10월, 대일
   강화조사위원회), 한국외교문서 76, pp.62~72. 李洋秀, 「韓国側文書に見る日韓国交正
   常化交渉 第3回 在日韓国人の国籍」(『季刊 戦争責任研究』 第55号, 2007年3月), pp.71
   ~73.

9) 「일부 악질적 공산계열 인물의 강제귀환문제에 관한 건」(1951년 5월 16일, 주일대표
   부 김용주 공사 발신, 외무부 장관 수신), 「한일회담 예비회담 <1951.10.20—12.4> 재
   일한인의 법적지위문제 사전교섭, 1951. 5—9」, 한국외교문서 78, pp.4~5. 및 李洋秀,
   앞의 글, pp.73~75.

10) 「재일동포 중 일부 악질분자 강제송환 문제 및 재일한국인의 법적지위에 관한 건」
    (1951년 7월 16일, 외무부 장관 발신, 주일대사 수신), 앞의 외교문서, p.46.

사령부는 주일대표부의 요청에 대해 재일조선인의 법적지위 문제를 한일 간의 교섭으로 해결하도록 회답했다.

주일대표부의 이러한 움직임에는 동아시아에서 중국, 베트남, 북한을 중심으로 한 공산주의 운동이 고조되고 있었다는 배경이 있었다. 특히 일본에서는 1950년 6월에 한국전쟁이 발발한 직후 일본공산당의 민족대책부가 전국 각지에 조국방위위원회를 조직했고, 다음 해 1월에 재일조선인연맹(조련)의 후계조직으로 재일조선통일민주전선(민전)이 결성되었으며, 같은 해 2월에 일본공산당 제4회 전국협의회에서 '군사방침'이 결정되었다. 이러한 움직임이 주일대표부에 위협을 준 것이었다.[11]

일본 측은 제1기의 법적지위 교섭에서 재일조선인에게 출입국 관리령을 원칙으로 적용하려고 했고, 이에 대해 한국 측은 재일조선인의 역사적인 경위에 비추어 내국민 대우를 요구하는 등 의견이 대립했다(필자 주=자국의 영역 내에서 자국민에게 부여하는 대우를 타국 국민에게도 부여하는 것을 내국민 대우라고 말하고, 이와 같은 대우를 규정한 조약 규정을 내국인 대우조항이라고 한다. 본서에서는 일본 국민과 같이 재일조선인을 대우하는 것을 말한다). 그러나 이 시점에서 재일조선인을 한국 국적보유자로 간주하는 것이나 그 영주를 인정하는 점에 대해서 한일 양국의 의견이 일치하고 있었다.

이 시기에 이루어졌던 강제퇴거 관련 논의를 정리하면 일본

---

11) 文京洙, 『在日朝鮮人問題の起源』 クレイン, 2008年, pp.141~146.

ようなことがあってはならないことを述べ韓国代表もこの旨を諒承し
た。

日本側代表は本問題にマイてはさらに研究の余地がある旨を述べた。

五、強制退去の問題

韓国代表は出入国管理令その外国人強制退去に関する規定は
在日韓国人に適用せられてはならう方が、たゞ暴力で政府の
顛覆を企てるような実質的な犯罪を犯した者に対しては強制
退去を命ずるもやむを得ざるべく、従ってかゝる者の強制退去
については韓国政府もこれに協力する用意のあることを述べつゝ
に対して

日本側代表は出入国管理令の規定は在日韓国人にも適用さるゝ
べきであるが、たゞ日本としても善良な韓国人の居住を不当に

726 5

0648

「재일한국인의 법적지위에 관한 소위원회의 경과보고」(한국외교문서 81, p.27) 주12의
자료이다.

144

측은 출입국 관리령을 재일조선인에게 적용하는 것을 원칙으로 했고, 이에 대해 한국 측은 "외국인 강제퇴거에 관한 규정은 재일한국인에게 적용되어서는 안 된다"라고 하면서도 "폭력으로 정부의 전복을 기도하는 것과 같은 악질적인 범죄를 저지른 자"의 강제퇴거는 어쩔 수 없다고 하면서 이에 협력한다고 말했다.[12]

이리하여 한일회담에서 재일조선인의 영주 허가와 함께 일본정부(및 한국정부)가 선별한 자에 대해서 영주 허가를 부정하는 강제퇴거를 적용하는 것으로 합의가 성립되었다.[13]

1952년 4월 1일에 열린 제1차 회담의 마지막 법적지위 분과위원회에서 재일조선인의 법적지위에 대한 협정 문안이 검토되었다. 그중 강제퇴거문제에 대해서는 "영주 허가를 받은 재일한인의 일본에서의 강제퇴거에 관해서 이 협정의 효력 발생부터 3년간(일본 주장), 5년간(한국 주장), 대한민국 정부 및 일본국 정부의 해당 기관이 그 실시를 위해서 필요한 사항에 관해 협의해 간다"[14]고 되었다. 구체적으로는 출입국 관리령

---

12) 「재일한국인의 법적지위에 관한 소위원회의 경과 보고」(「제1차 한일회담(1952.2.15 —4.21) 재일한인의 법적지위위원회 회의록, 제1—36차, 1951.10.30—1952.4.1」), 한국외교문서 81, pp.26~27. 이 문서는 작성일이 적혀져 있지 않지만, 1951년 12월 30일 자로 유진오 국적문제분과위원회 위원장이 외무부 정무국장에게 보낸 보고서가 첨부된 것으로 주일대표부가 같은 해 12월 22일까지의 논의를 정리한 문서라고 생각된다.

13) 예비회담 및 제1차 회담의 재일조선인의 법적지위를 둘러싼 논의는 金太基, 『戰後日本政治と在日朝鮮人問題 SCAPの対在日朝鮮人政策 1945—1952年』(勁草書房, 1997年)의 제6장 제2절에 상세한 내용이 설명되어 있다. 특히 강제퇴거문제는 pp.734~739 참조.

제24조 제1항 제4호에서 들고 있는 강제퇴거 대상의 조건(자료 편 269쪽 참조) 중 (ㄷ), (ㄹ), (ㅁ), (ㅂ), (ㅅ), (ㅇ), (ㅈ), (ㅊ), (ㅋ), (ㅌ), (ㅍ)에 해당하는 자에 대해서 일본정부가 강제퇴거를 실시할 경우, 한국정부와 협의 또는 한국정부에 연락하는 것이 검토되고 있었다.[15]

2. 대일강화조약 발표부터 1950년대까지의 교섭
 — 제2~4차 회담

제2~3차 회담의 논의

한일회담이 타결되지 않은 채 대일강화조약이 발효되자 일본정부는 한국정부와 합의한 내용에 따라 재일조선인의 일본 국적을 삭제하고 재일조선인을 외국인 관리 체제하에 두었다. 그 후 일본정부는 재일조선인에 대한 단속을 강화하고 강제 퇴거 대상자를 오무라(大村) 수용소에 송치했다. 그러나 한국 정부는 재일조선인의 법적지위가 확정되지 않았다는 것을 이유로 대일강화조약 발효 이후에 '불법 입국한 자'와 함께 오무라 수용소의 수용자를 일본으로 인수하기를 거부했다. 이와 같

---

14) 「재일한국인의 국적 및 처우에 관한 한일협정안 (4월 1일)」 앞의 외교문서, p.463.

15) 「永住許可を受けた在日韓人に対する退去強制の運用に関する諒解事項 (案)」(1952年4月 1日), 日本外交文書 558, pp.1~2. 1951년 10월 4일에 공포된 출입국 관리령 제24조 제1항 제4호의 강제퇴거사유에 대해서는 책 말미에 수록된 <자료 편> 참조

은 경위를 배경으로 1953년에 이루어진 제2차 및 제3차 회담의 법적지위 위원회에서 강제퇴거문제가 계속해서 논의되었다.[16]

이 시기의 강제퇴거 논의는 강제퇴거의 자주성을 주장하는 일본 측과 사전 협의나 협정에 강제퇴거사유 명기를 주장하는 한국 측이 대립했다. 즉 일본 측은 국제관계를 이유로 들면서 가능한 한 출입국 관리령에 따라 강제퇴거를 실현하고자 했고, 이에 대해 한국 측은 영주 허가를 유명무실화하는 강제퇴거를 피하기 위해서 그 조건을 좁히려고 했다. 이러한 한국 측의 자세에 대해 한국 측 대표인 임송본 식산은행장은 "강제퇴거가 재일한인의 중요 관심사이므로 회담 중 혹은 협정 성립 직후에 송환을 실시하면 한국정부로서도 극히 힘든 입장"에 선다고 설명하고 있다.[17]

일본 측은 1953년 6월 19일에 열린 회합에서 사전협의에 대해 "사무연락 정도로 생각하고 있다"고 말했다. 이에 대해 한국 측은 ① 협의가 필요 없는 자(1년 이상의 형을 받은 자), ② 빈곤한 자(강제퇴거할 경우, 협의가 필요), ③ 그 중간에 있는 자(1년 이하의 형, 사법 처분이 끝나지 않은

---

16) 제2차와 제3차 회담의 재일조선인 법적지위 교섭과 관련한 한국외교문서는 「제2차 한일회담(1953.4.15—7.23) 국적 및 처우분과위원회 회의록, 제1—6차, 1953.5.13—6.19」, 한국외교문서 461 및 「제3차 한일회담(1953.10.6—21) 국적 및 처우분과위원회 회의록, 제1차, 1953.10.10」, 한국외교문서 94가 있다.

17) 「日韓交渉会議議事要録 (14) 第2回国籍処遇関係部会」(1953年5月22日, アジア局第2課), 日本外交文書 160, p.12.

자, '폭력혁명분자')라는 세 가지 범주를 제시했다. 또한 일본 측은 강제퇴거를 협정이 아닌, 공표하지 않는 교환공문이나 합의의사록에 명기한다는 안을 제시했다. 이에 대해 한국 측은 "한국 측의 사정에 괜찮은 내용이라면 발표하지 않는 편지로도 좋지만, 한국 측에 나쁜 것이라면 협정에 명기해 두어야 한다"고 말했다.[18)]

그런데 상기 문제와 관련하여 다음의 세 가지를 지적할 수 있다. 첫째, 빈곤한 자의 강제퇴거에 대해서 제2차 회담 이후 되도록 삼가는 방향으로 논의가 진행되었다. 일본 측의 당시 자료에 따르면 '나병 환자', '정신 장애자', '빈곤한 자', '방랑자', '신체 장애자'에 대해 원칙적으로 퇴거를 강제하지 않고, 가령 강제퇴거시킬 경우는 한국정부와 사전 협의한다고 했다. 단 이 '요청'에는 재일조선인의 자발적인 귀국을 조장한다는 항목도 담겨 있다.[19)]

둘째, 재일조선인의 국적을 둘러싼 문제이다. 전술한 1952년 4월 1일의 협정안 제2조에는 "대한민국은 재일한인이 대한민국 국민임을 확인한다"고 명기되어 있었다. 그러나 제2차 회담 이후 일본 측은 이 조문에 대해서 "교환공문이나 합의의사록으로 충분하다"고 주장하게 되었다. 한국 측은 일본 측의

---

18) 「第2次会談国籍処遇関係部会第6回会議状況」(1953年6月19日, 久保田参与), 日本外交文書 164.

19) 「国籍処遇協定要綱」(作成年, 作成者不明), 日本外交文書 859.

입장 변경에 대해 지적했다.[20] 또한 한국 측은 재일조선인을 효과적으로 파악하기 위해서 영주 허가 시에 한국정부의 등록 증명서가 필요하다고 주장했다. 이에 대해 일본 측은 능률적으로 재류 자격을 확정하고자 하므로 이는 필요하지 않다고 응수했다.

셋째, 영주 허가 범위에 대해서 일본 측은 미성년이나 "전과를 가진 자"에게는 한도가 정해진 재류 허가만을 부여한다고 주장했다. 한국 측은 강제퇴거를 협의한 후에 받아들인다는 것을 조건으로 일률적이고 능동적으로 영주 허가를 내야 한다고 말했다.[21]

제4차 회담의 논의

제3차 회담이 '구보타 발언'으로 인해 결렬되자 한국정부는 이승만 라인 해역에 진입한 일본 어선의 포획을 강화하고 오무라 수용소에 수용된 재일조선인을 일본 국내로 석방하도록 압력을 가했다. 이 문제는 1957년 12월 31일에 열린 한일공동선언에서 억류자 상호 석방에 대해 합의한 것으로 일단 해결을 보았다.

한편 일본정부는 국내에 있는 다수의 재일조선인 생활보호

---

20) 「第2次会談国籍処遇関係部会第5回会議状況」(1953年6月12日付, 久保田参与), 日本外交文書 163.

21) 「第2次会談国籍処遇関係部会第4回会議状況」(1953年6月5日付, 久保田参与), 日本外交文書 162.

수급자 문제를 해결하기 위해 북한에 접근한다. 일본정부는 재일조선인 빈곤자를 추방하기 위해서 북일 적십자와의 교섭을 통해 이 문제를 '해결'하려고 했었다.[22] 그 결과가 바로 1959년 12월부터 실시된 재일조선인 귀국 사업이었다(필자 주=1958년 9월 8일, 북한의 김일성 수상이 "재일동포가 조국으로 돌아와 새로운 생활을 영위하도록 모든 조건을 준비할 것이다"라고 재일조선인을 받아들일 것을 표명한 후, 재일본조선인총연합회를 중심으로 귀국 운동이 전개되었다. 일본 측에서도 재일조선인 귀국협력회 <1958년 8월>가 이를 지원했고, 일본정부는 1959년 2월 13일에 "거주지 선택의 자유라는 국제 통념"을 내걸고 귀국사업 추진에 대해 각의 결정했다. 1984년까지 9만 3,340명 <가족으로 동반한 일본인 6,630명 포함>이 귀환했다). 그 의미에서 일본정부는 귀국 사업을 최대한 지원하는 것으로 재일조선인의 '인도적' 퇴거를 실현시켰다.

이 문제는 한일 관계에도 큰 영향을 끼쳤다. 한국정부는 일본정부가 북한으로 '귀국'을 희망하는 오무라 수용소의 수용자를 가석방한 것에서 이 문제가 시작되었고, 귀국 사업을 각의 결정한 것에 대해 강하게 항의했다. 그와 함께 1959년 9월 11일에 열린 법적지위 위원회에서 한국 측 대표인 유진오 고려대 총장이 "재일한인의 한국 집단 귀국"을 제안했다. 그 조건

---

22) テッサ・モーリス―スズキ, 『北朝鮮へのエクソダス―「帰国事業」の影をたどる』 朝日新聞社, 2007年.

으로 한국 측은 "일본정부가 귀국에 필요한 편의와 한국 정착에 필요한 보상금을 지불하는 조치를 강구"할 것을 요구했다.23) 그러나 논의는 어떠한 진전도 없이 한국의 4월 혁명으로 인해 한일회담이 중단되기에 이르렀고 이 제안은 실현되지 않았다.

또한 유진오 대표는 귀국자가 가난하기 때문에 "그들이 일본에 거주하게 된 역사적 경위를 생각한다면" 일본정부가 보상금을 지불하는 것은 당연하다고 말했다.24) 그리고 1959년 10월 10일에 열린 법적지위 위원회에서 유진오 대표는 재일조선인이 단순한 외국인, 즉 이민 등 통상(通商)의 목적을 위해서 일본에 거주한 자가 아니라고 말했다.

이에 대해 일본 측 대표인 가쓰노 야스스케(勝野康助) 법무성 외국관리국장은 재일조선인이 자유의지로 일본에 왔고, 자유의지로 일본에서 재류했다는 견해를 제시했다.25) 외무성 정보문화국은 같은 해 7월 11일에 당시의 재일조선인 중 "전시 중에 징용노동자로 온 자는 245명에 지나지 않는다"고 했으며, "현재 일본에 거주하고 있는 자는 (중략) 모두 자신들의 자유의지에 따라 일본에 머무른 자들 또는 일본에서 태어난 자들

---

23) 「第4次日韓全面会談における在日韓人の法的地位に関する委員会の第18回(再開第3回)会合」(1959年9月11日, 北東アジア課), 日本外交文書 1088, p.10.

24) 위의 문서, p.13.

25) 「第4次日韓全面会談における在日韓人の法的地位に関する委員会の第21回(再開第6回)会合」(1959年10月20日, 北東アジア課), 日本外交文書 1091. pp.10~11.

이다"라는 엉터리 조사결과를 발표했다.[26] 여기에는 법적지위 교섭에서 재일조선인의 역사적 배경이 상기와 같이 논의되고 있었다는 점도 있었을 것이다.

이러한 문제 이외에 제4차 회담에서 강제퇴거문제 및 재일조선인 2세 이후의 법적지위 문제 등이 토의되었다. 1958년 6월 2일에 열린 법적지위 위원회에서 일본 측은 "① 재일한인의 특수한 사정을 고려할 대상은 전전부터 계속해서 일본에 거주하고 있는 한인에 한하고자 한다는 것, ② 강제송환 문제에 대해서는 재일한인이 그러한 특수한 사정에 있다는 것을 고려한다는 것, ③ 강제송환이 순조롭게 이루어지는 것을 전제로 전전부터 오랫동안 일본에 거주하고 있었다는 특수 사정을 기반으로 그들에게 불안, 동요를 주지 않는 것"이라는 '세 가지 기본 원칙'을 제시했다.[27]

6월 9일에 열린 제4회 회합에서 가쓰노가 이에 대해 설명했는데, 일본 측의 기본적인 입장은 제2차, 제3차 회담과 비교해 변화가 없다. 특히 전후 일본에서 태어난 재일조선인의 자손에 대해서 "신청을 기다리면서 3년을 기한으로 하는 재류자격을 부여하고 있다"고 말하는 데 그쳤다.[28]

---

26) 「在日朝鮮人の渡来および引揚げに関する経緯, 特に戦時中の徴用労働者について」(1959年7月11日, 外務省情報文化局), 日本外交文書 875.

27) 「第4次日韓全面会談における在日韓人の法的地位に関する委員会の第3回会合」(1958年6月2日, アジア局北東アジア課), 日本外交文書 1073, p.7.

28) 「第4次日韓全面会談における在日韓人の法的地位に関する委員会の第4回会合」(1958年6月9日, アジア局北東アジア課), 日本外交文書 1074, p.2.

한편 한국 측은 10월 20일에 열린 제9회 회합에서 영문으로 된 협정안을 제시했다. 이 협정안 중에서 특히 문제가 된 것은 전문 및 제2조에서 한일 양국이 "재일조선인의 한국 국적을 확인한다"라는 문언과 제1조의 영주 허가 범위로 재일조선인 의 자손을 포함한다는 조문이었다.[29] 일본 측은 전자에 대해서 국적을 확인할 필요는 없다고 했고 후자에 대해서는 자손 (descendants) 부분의 삭제를 요구했다.[30]

이상과 같이 이 시기의 한일회담은 재일조선인을 둘러싼 구 체적인 사례가 분출했기 때문에 제1차 회담에서 합의된 내용 이 재검토되었던 것이다. 일본 측은 강화조약 발효에 따라 일 본 국적을 잃은 자에 대한 취급을 동등하게 하고 싶다는 입국 행정 측면과 함께 귀국 운동과 같이 한국뿐만이 아니라 북한 으로 조선인을 보낸다는 사례를 상정해야 했다. 그로 인해 영 주 허가 범위를 가능한 한 좁히는 한편, 재일조선인의 국적에 대해서는 일본 국적 상실을 확인하는 것으로 충분하다고 주장 했다.

한국 측은 귀국 운동을 저지하려고 했으며 동시에 한일회담

---

29) 「第4次日韓全面会談における在日韓人の法的地位に関する委員会の第9回会合」(1958 年10月20日, 北東アジア課), 日本外交文書 1079, p.7.

30) 「第4次日韓全面会談における在日韓人の法的地位に関する委員会の第十回会合」(1958 年10月27日, 北東アジア課), 日本外交文書 1080. 또한 제4차 회담의 재일조선인 법적 지위 교섭에 관한 한국외교문서는 「제4차 한일회담(1958.4.15—60.4.19) 재일한인의 법적지위위원회 회의록, 1—22차, 1958.5.19—59.11.2」, 한국외교문서 107이 있다.

이 길어짐에 따라 재일조선인 2세 문제를 고려해야 했고 '자자손손' 이어지는 영주 허가를 요구하게 되었다. 또한 한일 협정에 따른 '협정 영주' 신청자를 늘리기 위해서 당시의 입국법에 따라 강제퇴거가 적용되지 않는 것을 원했으며 강제퇴거가 제도화되는 것을 피해야 했다.

즉 이 시기에 나타난 한일 양국의 논의 배경에는 북한의 존재가 있다. 일본정부는 재일조선인의 '인도적' 송환처로, 한국정부는 한국정부의 유일합법성을 주장하기 위해서 한일 협정을 실현하려고 했던 것이다.

3. 1960년대의 교섭
－제5～7차 회담

제5차 회담의 논의

제5차 회담이 시작된 1960년 10월에도 귀국선이 니가타항을 출발하고 있었지만, 한국정부는 법적지위 위원회에서 직접적인 대응을 취하지 않고 오히려 '협정 영주' 내용을 둘러싼 논의에 집중했다. 동 위원회에서는 제4차 회담부터 초점이 된 영주 허가 범위가 주요하게 논의되었다. 일본 측은 영주 허가 범위를 대일강화조약 발효일까지 태어난 자로 하고, 그 자손에 대해서는 부모로부터 함부로 떼어놓지 않도록 국내법을 적용하여 20세가 된 단계에서 입국관리령이 정한 영주 허가 신청을 접수한다는 거의 이전과 같은 의견을 제시했다.[31] 이에 대해 한국 측은 "재일한국인의 자자손손까지 영주 허가를 부여해 달라는 점에 대해서는 일본 측도 원칙적으로 동의하고 있는 것으로 이해하고 있다. 단 문제는 기술적으로 이것을 어떻게 표현하는가이다"라고 말하면서 타협점을 찾았다.[32] 이 점에 대해 한일 양국의 내부문서를 검토해 보면 자신들의 주장이 받아들여지지 않을 경우의 대안으로 양측 안에 협정 발효 때까지 일본에서 거주하는 재일조선인의 영주 허가가 포함되어 있었다. 오히려 한일 양국의 견해가 다른 것은 협정 발효 후에 출생한 자의 영주 허가에 대해서였다.[33]

그런데 이와 관련하여 1961년 3월 2일에 열린 법적지위 위원회에서 재일조선인의 귀화에 대한 논의가 이루어졌다. 해당 논의를 보면 한일 양국은 재일조선인이 머지않아 일본으로 귀화하게 될 것이라는 예상을 하고 있었다고 말할 수 있을 것이다.[34]

---

31) 「第5次日韓全面会談予備会談における在日韓人の法的地位に関する委員会の第5回会合」(1960年12月12日, 北東アジア課), 日本外交文書 1097.

32) 「第5次日韓全面会談予備会談における在日韓人の法的地位に関する委員会の第6回会合」(1960年12月19日, 北東アジア課), 日本外交文書 1098, p.6.

33) 「日韓予備会談における法的地位委員会の今後の進め方に関する基本方針」(1961年3月25日, 外務省<法務省と協議済>), 日本外交文書 1156, pp.4~5. 「제5차 한일회담 예비회담, 재일한인의 법적지위위원회 회의록 및 훈령·비공식회담 보고, 1960—61」한국외교문서 712, pp.146~167.

34) 「第5次日韓全面会談予備会談における在日韓人の法的地位に関する委員会の第8回会合」(1961年3月2日, 北東アジア課), 日本外交文書 1100, pp.6~7.

다음으로 한국 측은 영주 허가를 신청할 때 한국정부가 발급한 증명서가 필요하다고 계속 주장했다. 이에 대해 일본정부는 내부 검토를 진행한 결과, 그때까지의 방침을 변경하여 영주 허가의 요건으로 등록증명서를 첨부한다는 것을 확인했다.[35] 일본 측은 협정에 따른 한국 국적의 확인에는 응하지 않았지만, 재일조선인을 관리하는 데에 있어서 각자가 지지하는 정부가 명확해지는 것을 중시했던 것이다.[36]

그런데 1961년 2월 2일에 열린 비공식회합에서 한국대표 이천상 변호사는 해당 서류에 대해 "재외국민등록법[37]에 따른 등록을 하지 않고 있는 재일한국인"도 신청이 가능하게 하기 위해서 "등록신청서"라는 용어를 사용하지 않는다고 설명했다. 바꿔 말하면 그 용어를 사용하는 것으로 "재일한국인 중의 중간분자가 들어가지 않게 될 우려가 있다"라는 것이 한국 측의 논리였다. 즉 "한국 측은 빨갱이들까지 특전을 부여해야 한다고 생각하지 않지만, 회색분자까지는 이 채널을 통해서 신청을 하기 쉽도록 해 두고 싶다"라는 것이었다.[38] 한국 측은 가능한

---

35) 「法的地位問題に関し法務省と打合せの件」(1960年12月23日, 北東アジア課), 日本外交文書 1152, pp.60～76.

36) 「第5次日韓全面会談予備会談　在日韓人の法的地位および処遇に関する委員会討議状況と問題点」(作成日, 作成者不明), 日本外交文書 1157, p.6.

37) 외국의 일정한 지역에 90일 이상 거주 또는 체류하는 '대한민국 국민'은 이 법률에 따라 한국정부의 재외공관에서 재외국민등록을 할 의무가 있다.

38) 「法的地位問題に関する第6回非公式会談記録」(1961年2月2日, 北東アジア課), 日本外交文書 1110, pp.5～7.

한 한국 국적을 보유한 협정 영주자를 늘리기 위해서 이와 같은 주장을 했던 것이다.

마지막으로 강제퇴거문제와 관련하여 "한일 관계를 현저하게 해하는 자" 혹은 "정부 전복 등을 기도한 자"를 대상으로 하는 것에 대해서 한일 양국 간의 의견 차이는 없었고, 오히려 협정 등에서의 표현에 관한 기술적인 문제로 넘어갔다. 공식, 비공식 회합에서 이에 대한 구체적인 논의 기록은 보이지 않는다. 한국 측에서는 "폭력 등의 방법으로 일본정부를 전복시키려고 하는 범죄행위를 한 자"의 강제퇴거에 대해서 한국정부와 협의한다는 안을 검토하고 있었다.[39] 한편 일본 측에서는 입국관리국이 "한국인 영주자의 강제퇴거" 사유로 다음의 네 가지 항목을 제시하고 있었다. 이것은 형기 및 범죄 횟수 등을 제외하면 '재일한국인' 법적지위협정에 정해진 강제퇴거 사유와 거의 일치한다.

① 폭력적인 파괴 행위를 행한 자(입국관리령 제24조 제1항 제4호 '⑫, ⑬, ⑭'에 해당하는 자)
② 일본국의 이익 또는 공안을 해하는 행위를 한 자(상동 제4호 '⑮'에 해당하는 자)
③ 마약 등의 취급법령을 위반하여 유죄가 된 자(상동 제4호 '⑧'에 해당하는 자)
④ 무기 또는 1년을 넘는 징역 혹은 금고형에 처해져 집행

---

39) 「제5차 한일회담 예비회담, 재일한인의 법적지위위원회 회의록 및 훈령·비공식회담 보고, 1960—61」 한국외교문서 712, pp.146~167.

유예를 언도 받지 못한 자(상동 제4호 '⑨'에 해당하는 자)[40]

제6차 회담의 논의

1961년 12월 19일에 열린 법적지위 위원회에서 한국 측은 영주 허가 범위에 대해 ① 본협정 발효 이후에 출생한 자손도 본 협정 발효 이전에 출생한 자손과 동일하게 영주권이 부여되어야 한다, ② 본 협정 이후 상당한 기간이 지나고 출생한 자손에 대해서도 '협정 영주'권이 부여되어야 하지만, 이 건에 대해서는 재협의한다는 안을 제시했다.[41]

일본 측은 교섭에서 이에 응하지 않았는데, 입국관리국이 1962년 9월 17일 자로 제작한 문서에는 영주 허가 범위를 ① 대일강화조약 발효 때까지 태어난 자손이라고 하면서 ② "강제퇴거 신청 사유에 대해서 한국 측이 양보한 경우, 본 협정 성립 때까지 출생한 자손으로 넓힌다(이것을 최종으로 한다)." 라는 안을 검토하고 있었다.[42] 일본 측은 강제퇴거 적용 사유와 영주 허가의 범위를 교환 거리로 삼아 영주 허가 범위를 넓히고 동시에 협정에서 정하는 강제퇴거사유를 되도록 확대하

---

40) 「第5次日韓会談予備会談開始後、すでに提出された 「在日韓国人の永住許可と退去強制」に関する問題点とこれに対する見解」(1960年12月12日、入国管理局)、日本外交文書 1150, p.10.

41) 「第6次日韓全面会談における在日韓国人の法的地位に関する委員会第3回会合」(1961年12月19日、北東アジア課)、日本外交文書 938, pp.10~17.

42) 「法的地位委再開に当つての問題点」(1962年9月17日、入国管理局)、日本外交文書 1580, p.23.

려고 했었던 것이다.

합의 내용은 그 후의 논의를 거쳐 협정 발표 5년 후까지 협정 영주 범위가 확대되었다. 협정 영주자의 자손에 대해서는 성인이 될 때까지 영주 허가를 준다는 것으로 합의했지만, 성인이 된 후의 영주 허가 내용을 둘러싼 논의가 계속되었다.[43]

1961년 12월부터 다음 해 3월에 열린 한일외상회담 직전까지 강제퇴거사유 관련 전문가 회의가 네 번에 걸쳐 열렸다. 이 회합에서 전술한 입국관리국의 네 가지 항목을 바탕으로 한국 측이 타협점을 찾는 형태로 강제퇴거사유 문안의 표현에 대해 논의되었다.[44]

그런데 재일조선인이 한국 국적 보유자인 것을 확인하는 취지의 문안에 대해서 여전히 한일 간의 의견 조정이 이루어지지 않았다. 그러나 5차 회담에 이어 재일조선인의 귀화가 논의된 것은 주목할 만하다. 예를 들어 1961년 11월 15일에 열린 비공식 회합에서 한국 측의 이천상 변호사가 "공식적으로는 말할 수 없지만"이라고 말하면서 빈곤한 자에 대해서 "이러한 자도 귀화시켜 버리는 편이 좋지 않은가"라고 말하자, 일본 측

---

43) 「日韓会談予備交渉法的地位関係会合第48回会合」(1964年1月29日, 北東アジア課), 日本外交文書 678, pp.21〜26. 「再開第6次日韓全面会談在日韓国人の法的地位に関する委員会第1〜3回会合」(1964年4月22日〜5月14日, 北東アジア課), 日本外交文書 449. 이에 관한 한국외교문서는 「속개 제6차 한 · 일회담 [재일한인]법적지위위원회 회의록, 1—3차, 1964.4.22—5.14」, 한국외교문서 757이 있다.

44) 「法的地位委員会の退去強制に関する専門家会議」(北東アジア課), 日本外交文書 pp.948 〜951.

의 호시 도모타카(星智孝) 법무성 민사국 제5과장은 "귀화 허가에 있어서 독립 생계 조건은 운영상 상당히 완화하고 있지만 생활보호를 받고 있는 자를 인정하는 것까지는 결론을 내지 않았다"고 말했다.[45] 또한 1963년 4월 2일에 열린 회합에서 일본 측이 재일조선인 2세, 3세는 결국 일본인화 한다는 것을 전제로 영주 허가에 적당한 한계를 두고 "일본으로 귀화할 공산이 크기 때문에 그들에게 영주권을 부여하는 것에 대해 일본 측이 신경을 쓸 필요는 없다"고 말했다.[46] 이러한 논의 끝에 1963년 6월 19일에 열린 회합에서 협정 영주자 자손의 귀화에 대해 조건을 극히 완화하는 것이 합의내용으로 확인되었다.[47]

일본정부의 내부문서를 검토하면서 이러한 논의의 배경에 대해서 생각해 보기로 한다. 먼저 외무성 북동아시아과는 재일조선인이 "언제까지 외국인으로서 재류하고 또한 그 수가 증가한다고 한다면, 우리나라에서 일종의 소수민족 문제로 발전하게 되며 이것은 국가적인 중대한 문제이자, 장래에 있어서 극히 큰 화근을 남길 우려가 있는 것이라고 말하지 않을 수 없

45) 「在日韓国人の法的地位に関する委員会第2回非公式会談」(1961年11月15日, 北東アジア課), 日本外交文書 941, p.4.

46) 「제6차 한·일 회담 재일한인의 법적지위 관계 회의, 1961.10─64.3」, 한국외교문서 724, p.201.

47) 「日韓予備交渉法的地位関係会合第33回会合」(1963年6月19日, 北東アジア課), 日本外交文書 675, pp.15~16. 「제6차 한·일회담 재일한인의 법적지위 관계 회의, 1961.10─64.3」, 한국외교문서 724, p.218.

다"고 인식했다. 그리고 "한일 간의 협정에 따라 재일한국인에게 영주 허가를 부여한다고 하더라도, 그것은 장래에 그들이 일본으로 동화할 때까지의 과정에 있어서 이른바 잠정 조치이다"라고 했다. 또한 외무성의 방침으로 영주 허가와 함께 본 협정 체결과 동시에 국내적 조치로서 재일조선인 중 귀화를 희망하는 자에 대해서 "특히 악질적인 자를 제외해서" "귀화를 허가할 수 있도록 특별 입법 등의 조치를 강구한다"는 것이 검토되고 있었다.48)

또한 외무성 북동아시아과의 다른 문서에서는 "다수의 재일조선인이 외국인으로서 우리나라에 계속해서 재류하는 것은 우리나라에 있어서 극히 중대한 문제이다. 따라서 장래에 큰 화근을 남기지 않도록 그들을 일본인으로 동화시켜 나가야 한다는 점에 대해서는 이론이 없다"고 단언했다. 그리고 현재의 귀화정책이 "이미 일본인화 한 자"에 대해서만 귀화를 허가하고 있는 것에 지나지 않는다고 비판했다. 또한 조선인의 귀화를 좋게 생각하지 않는 "일부"의 "인종적 편견"도 언급하면서, 일본사회에서의 조선인 차별이 그들의 귀화 조건을 어렵게 하고 있다는 악순환을 끊어야 한다고 역설했다.49)

한편 법무성 입국관리국에서도 협정 영주 허가와 관련하여

---

48) 「在日韓国人の法的地位問題中永住権の解決方法について」(1962年9月18日, 北東アジア課), 日本外交文書 1576.

49) 「帰化による在日朝鮮人の同化政策について」(1962年9月26日, 北東アジア課), 日本外交文書 1577.

협정 영주를 신청하지 않는 재일조선인에 대해 논의하고 있었다. 입국관리국은 대일강화조약 발효에 따라 일본 국적을 잃었다는 "조선인의 특수한 지위"에 대해 남도 북도 차이가 없기 때문에 "한일 협정에 기반한 처우를 받는 자와 차별 있는 대우를 하는 것은 이론적 근거도 약한 데다가 국내분쟁의 원인이 되기 쉽다"고 하면서, 입국관리령에 따른 영주 재류 자격 부여를 생각하고 있었다.[50] 단 해당 보충설명 자료에는 "북한계 재일조선인은 사사건건 일본정부의 정책을 비방하고 간섭하여, 이른바 바람직하지 않은 외국인이며 앞으로 동화의 가능성도 극히 의심스러워 국내 치안의 암이 될 가능성조차 있다"고 말했다.

이와 함께 남북한의 정치적 경향을 고려하는 의미에서 "협정 영주자의 처우와 병행하면서 '실질적으로' 차별 대우가 되지 않는 방향에서 검토한다고 말해 두는 것이 가장 현명하다"고 했다. 예를 들어 강제퇴거의 송환처에 관해 규정한 입국관리령 제53조 2항으로 충분히 처리할 수 있다고 했다.[51](필자 주=입국관리령 <출입국관리 및 난민인증법> 제53조 1항에는 "강제퇴거를 받은 자는 그 자의 국적 또는 시민권이 속하는 국가에 송환되는 것으로 한다"고 되어 있고, 같은 조 2항에는

---

50) 「(省議資料) 在日韓国人の法的地位に関する問題点」(1963年1月31日, 入国管理局), 日本外交文書 1582, pp.1~5.

51) 「日韓交渉と在日朝鮮人の取扱について」(1963年1月31日, 入国管理局), 日本外交文書 1582, pp.6~8.

"1항에 해당하는 국가로 송환할 수가 없을 때는 본인의 희망에 따라 다음에서 열거하고 있는 국가 중에서 송환되는 것으로 한다"라고 하면서 "① 일본에 입국하기 직전에 거주하고 있었던 국가, ② 일본에 입국하기 전에 거주한 적이 있는 국가, ③ 일본을 향한 선박 등을 탄 경우 승선한 곳의 항구가 속한 국가, ④ 출생지에 속하는 국가, ⑤ 출생 시에 그 출생지에 속해 있었던 국가, ⑥ 그 외의 국가"가 제시되어 있다).

또한 한국정부가 공개한 외교문서에는 내부 논의가 명확하게 드러나 있지 않다. 단 주일대표부가 1963년 3월 25일에 외무부에 청훈한 문서에는 성년이 된 협정 영주자 자손의 선택지로서 귀화가 규정되어 있으며, 그들의 조건 없는 귀화를 허가하도록 일본 측과 교섭한다는 방침이 제시되어 있었다.[52] 앞선 의사록의 내용과 맞춰본다면 한국 측 또한 재일조선인이 대를 이어서 일본으로 귀화할 공산이 크다고 생각하고 있었으며 귀화 문제가 관심사였다. 그리고 한국 측은 이 문제에 대해서 생활보호 수급자 등에 대한 귀화 조건 완화를 계속해서 일본 측에 요구했던 것이다.

이상에서 검토한 바와 같이 일본정부는 '협정 영주'의 대상을 모든 재일조선인으로 하고, 신청하지 않은 재일조선인에게도 영주 허가를 행한다는 점에 대해서 이론이 없었다. 그러나

---

52) 「제6차 한・일회담 재일한인의 법적지위 관계 회의, 1961.10―64.3」, 한국외교문서 724, p.196.

그것은 외무성이 노골적으로 드러낸 바와 같이 "소수민족 문제"를 막기 위한 동화=귀화 추진을 노린 방침이었다. 그리고 "바람직하지 않은 외국인"에 대해서는 "'실질적으로' 차별 대우가 되지 않도록" 처우하더라도 동화의 대상으로 간주하지 않는다면 배제의 대상이 될 수 있는 것이다. 그리고 그러한 인식은 재일조선인에게 일률적으로 한국 국적을 인정하는 한편 "선량한" 재일조선인의 자자손손에 대한 영주 허가를 주장하면서 "악질적인" 재일조선인의 강제퇴거를 계속 인정해 온 한국정부의 교섭 자세에도 부합한다고 할 수 있다.

제7차 회담의 논의

제7차 회담은 1964년 12월부터 시작되었으며 각 의제에서 타결의 움직임이 보이고 있었다. 법적지위 교섭에서는 첫째, 강제퇴거의 조건에서 합의가 이루어졌다. 1965년 1월 29일에 열린 회합에서 일본 측의 안 중, 내우외환의 죄(필자 주=소란죄. 많은 사람들이 모여 폭행·위협을 하는 것으로 공공의 평화를 침해하는 죄)를 제외하는 대신에 흉악범의 형량을 7년 이상으로 할 것, 그리고 마약범에 대해서는 영리 목적으로 3년 이상의 금고 또는 징역에 처해진 자 및 3회 형벌을 받은 자(협정 발효 전에 3회 이상 형벌을 받은 자는 2회)라는 조건으로 합의가 성립되었다.[53] 또한 "외교상의 이익을 범한 자"에 대해서도 3월 4일에 열린 회합에서 금고 이상의 형량으로 하는 것

등으로 합의했다.54)

둘째, 영주 허가의 범위에 대한 합의가 이루어졌다. 1965년 2월 24일에 열린 수석회합에서 한국 측의 김동조 대표는 협정 영주자 자손이 성년이 되었을 때의 영주 허가 내용에 대해서 다시 협의한다는 제안을 했다.55) 이에 대해 일본 측은 자자손손에 이르는 영주 허가가 되는 것이라면서 난색을 표했지만, 3월 24일에 북동아시아과가 이에 대한 재협의에 응할 용의가 있다는 안을 작성했다.56)

전술한 경위에 따라 1965년 4월 3일에 청구권, 어업과 함께 법적지위 문제의 합의 내용에 대한 가조인이 이루어졌다. 그리고 1965년 6월 22일에 '재일한국인' 법적지위 협정이 체결되었고, 한일 양국의 국회에서 비준이 된 후 1966년 1월 18일부터 발효되었다. 이 협정에 따라 재일조선인 1세 및 2세 (이른바 '협정 1세 및 2세')는 협정 발효부터 5년 이내에 영주 허가 신청을 하면 영주가 인정되었다. 이른바 '협정 3세'의

---

53) 「第7次日韓全面会談在日韓国人の法的地位に関する委員会第8~9回会合」(1965年1月 29日 및 2月2日, 北東アジア課), 日本外交文書 98, pp.7~12. 제7차 회담의 법적지위 위원회와 관련한 한국외교문서는 「제7차 한일회담 법적지위위원회 회의록 및 훈령, 1964—65, 전2권(V.1 제1—24차, 1964.12.7—65.4.16)(V.2 제25—40차, 1965.4.21— 6.15)」, 한국외교문서 1457 및 1458에 있다.

54) 「第7次日韓全面会談在日韓国人の法的地位に関する委員会第16回会合」(1965年3月4日, 北東アジア課), 日本外交文書 100, p.1.

55) 「在日韓国人の法的地位問題に関する韓国側新提案」(1965年2月24日, 北東アジア課), 日本外交文書 467, pp.16~17.

56) 「在日韓国人の待遇問題の最終的妥協案の骨子」(1965年3月24日朝, 北東アジア課), 日本外交文書 467, pp.85~88.

법적지위는 한국정부의 요청에 따라 협정 발효부터 25년이 지날 때까지 협의를 하기로 했다. 또한 현재의 재일조선인은 '한국 국적', '조선 국적'을 따지지 않고, 1991년 11월 1일에 실행된 「일본국과의 평화조약에 기반한 일본 국적을 이탈한 자 등의 출입국관리에 관한 특별법」에 따라 '특별 영주' 자격을 가지고 있다.[57]

그리고 강제퇴거는 동 협정 제3조에서 다음의 항목에 해당하는 자가 대상이 된다고 정해졌다.

(a) 일본국에서 내란에 관한 죄 또는 외환에 관한 죄로 인하여 금고 이상의 형에 처하여진 자(집행유예를 언도 받은 자 및 내란을 따른 것으로 인해 형에 처하여진 자를 제외한다)

(b) 일본국에서 국교에 관한 죄로 인하여 금고 이상의 형에 처하여진 자, 또는 외국의 원수, 외교사절 또는 그 공관에 대한 범죄 행위로 인하여 금고 이상의 형에 처하여지고 일본국의 외교상의 중대한 이익을 해한 자

(c) 영리의 목적으로 마약류의 취체에 관한 일본국의 법령에 위반하여 무기 또는 3년 이상의 징역 또는 금고에 처하여진 자(집행유예의 언도를 받은 자를 제외한다), 또는 마약류의 취체에 관한 일본국의 법령에 위반하여 3회(단 본 협정의 효력 발생일 전의 행위로 인해 3회 이상 형에 처하여진 자에 대해서는 2회) 이상형에 처하여진 자

(d) 일본국의 법령에 위반하여 무기 또는 7년을 초과하는

---

57) 이에 대해서는 田中宏, 『在日外国人 第三版―法の壁, 心の溝』 岩波書店, 2013年 등을 참조.

子孫の永住権

4. 子孫に対しては、父母と同一の永住権を継承させること。

「附帯問題」

1. 離散家族ならびに配偶者に関する問題は、人道的見地で解決されなければならない。再会される離散家族（直系家族に限る）は、招請世帯主と新規に入国する配偶者（男女の性別不問）は招請配偶者と同一の永住権を賦与すること。

2. 永住権の当然な効力として、本国旅行時の日本再入国は無条件かつ即時許可されなければならず、外国旅行時の出入国は日本国民と同一に取扱われねばならない。

二、強制退去問題

1. 破壊活動に関する犯罪としては、内乱、外患に関する罪に限定する。

2. 「外交上の利益阻害行為」のごとき抽象的項目は絶対に容認しない。

「재일한국인의 법적지위 및 대우 문제에 관한 요구 사항」(일본외교문서 469, p.5) 주65의 자료이다.

징역 또는 금고에 처하여진 자58)

또한 한국 측은 1965년 3월 4일에 열린 회합에서 재일조선인이 한국 국적 보유자임을 확인하는 조항에 대해 "아무리 봐도 곤란하다"라는 일본 측의 입장을 받아들여 이를 삭제했다.59) 특히 일본 측은 이 조항에 대한 북한정부의 비판을 경계했던 것이다.60) 또한 합의의사록에 영주 허가 신청 시의 서류에 대해서 다음과 같이 제시되었다.

제1조에 관하여
1. 동조 1 또는 2의 규정에 의거하여 영주 허가의 신청을 하는 자가 대한민국의 국적을 가지고 있음을 증명하기 위하여
(i) 신청을 하는 자는 여권 또는 이에 대신하는 증명서를 제시하거나 또는 대한민국의 국적을 가지고 있는 뜻의 진술서를 제출하는 것으로 한다.
(ii) 대한민국 정부의 권한 있는 당국은 일본국 정부의 권한 있는 당국이 문서로 조회할 경우에는 문서로 회답하는 것으로 한다.61)

그리고 귀화 문제에 있어서 일본 측이 1965년 3월에 '협정

---

58)「日本国に居住する大韓民国国民の法的地位及び待遇に関する日本国と大韓民国との間の協定」, 日本外交文書 391, pp.264~295.

59)「第7次日韓全面会談在日韓国人の法的地位に関する委員会第16回会号」, 日本外交文書 391, p.2.

60)「韓国案に対する日本側質問事項」(1964年5月6日), 日本外交文書 1589, p.5.

61) 위와 같음.

영주'자의 자손이 "만 20년에 달한 날 이후 30일 이내에 일본국의 법령에 따라 귀화 허가 신청을 했을 때는 그 허가에 대해서 타당한 고려를 한다'라는 조문을 준비하고 있었지만, 한일 양국 간에 본격적인 논의는 이루어지지 않았다.[62]

또한 한일회담의 법적지위 교섭을 통해 재일본대한민국거류민단(민단, 현재는 재일본대한민국민단)의 요구가 충분하게 반영되지 않았다. 민단은 회담의 후반기에 민단의 대표가 법적지위 교섭에 참석하도록 한국정부에 요청해 왔다.[63] 그러나 이것이 실현된 것은 제7차 회담이며 권일 전 민단 단장의 역할은 고문, 즉 옵저버의 입장이었다.[64] 민단이 1965년 3월 3일에 일본정부에 보낸 요청서에는 "자손에 대해서는 부모와 동일한 영주권을 계승시킬 것"이나 "'외교상의 권익저해행위'와 같은 추상적인 항목은 절대로 용인하지 않는다" 등의 항목이 제시되어 있다.[65] 민단의 요청은 재일조선인의 총의라고 말하기는 어려운 것이었지만, 한국정부를 지지하는 재일조선인의 요구를 어느 정도 반영한 것이었다. 하지만 한일협정에는 이러한 요구가 거의 반영되지 않았다.[66]

---

62) 「日韓国交正常化交渉の記録12(請求権・法的地位・漁業問題合意事項イニシャアル)」, 日本外交文書 1128-2, p.21.

63) 「제6차 한・일회담 대표단 임명관계, 1961—64」, 한국외교문서 722, pp.167~212.

64) 「제7차 한일회담 법적지위위원회 회의록 및 훈령, 1964—65, 전2권(V.1 제1—24차, 1964.12.7—65.4.16)」, 한국외교문서 1457.

65) 「在日韓国人の法的地位および処遇問題に関する要求事項」(1965年3月3日, 在日本大韓民国居留民団), 日本外交文書 469.

맺음말

이상과 같은 교섭 과정을 통해서 한일 양국이 추구한 것은 다음의 세 가지를 들 수가 있다.

첫째, '선량'한 조선인의 '한국인'화 및 그들에 대한 영주 허가, 둘째, 귀화 인정에 따른 '일본인'화, 셋째, '악질'적인 조선인의 (인도적) 추방 및 강제퇴거였다.

그리고 이러한 목표들이 최종적으로 도달한 것은 다름 아닌 재일조선인의 '소거', 즉 불가시화(不可視化)였다. 일본, 한국, 북한의 어느 한 '국민'으로 통합하기보다 국민국가 시스템의 경계적 존재인 재일조선인이라는 존재 그 자체를 '소거'하려고 했다.

그것이 '협정 영주' 및 '협정 강제퇴거'의 의미이다. 즉 한일 법적지위 협정은 재일조선인 사회에 '분단선'을 가지고 왔으며 동시에 식민지 지배의 산물인 재일조선인의 존재 그 자체를 불가시화 하는 시도였던 것이다.

이와 관련하여 특히 일본정부가 재일조선인 법적지위의 서열화, 즉 귀화조선인, 영주 허가를 받은 조선인(한국 국적), 그리고 영주 허가를 받지 않은 조선인(조선 국적)이라는 서열의 형성을 중시한 견해도 있다.[66] 이것은 매우 중요한 지적으로 일본정부

---

66) 金鉉洙, 「日韓会談における韓国政府の在日朝鮮人認識―「無自覚的な棄民」から「自覚的な棄民」へ」, 『朝鮮史研究会会報』第181号, pp.16~18은 한국정부의 재일조선인 인식에서 '기민'(棄民)이 자각화되는 과정을 밝히고 있다.

170

가 귀화정책을 적극적으로 추진하고 있었다고는 도저히 생각할 수 없다. 하지만 실제가 어떻든 간에 '재일한국인' 법적지위 협정을 체결한 한일 양국의 관료들이 목표했던 것은, 지금까지 검토한 바와 같다. 이른바 재일조선인을 '선량'과 '악질'로 나누어 전자를 일본사회에 집어넣고, 후자를 배제하려고 했던 입장이야말로 재일조선인 문제를 보이지 않게 하는 이데올로기로서 기능하고 있는 것이다. 다수에 의한 동화를 요구하는 압력이라는 문제는 재일조선인에 한하지 않고 일본에 사는 모든 소수자들에게 공통되는 것이다.

현재 일본에서 특별영주자는 50만 명 정도로 감소하고 있는데, 영주외국인의 수는 늘어나고 있다. 특히 한국, 중국에서 일본으로 이주한 사람들이 영주 허가를 받는 경우가 늘어나고 있다. 한일 양국이 추구했던 재일한국인의 '소거'는 느리게 진행되기는커녕, 오히려 일본정부가 걱정했던 '소수민족 문제'는 점점 현실 문제로서 현재화(顯在化) 하고 있다.

그럼에도 불구하고 영주외국인의 지방참정권을 강경하게 인정하지 않는 언론이나 조선고급학교에 다니는 학생들에 대한 취학 비용의 감면 적용 배제 논의 등 최근 외국인 문제에 대한 일본의 대응은 구태의연한 것이다. 이제는 국민국가 시스템 원칙을 고수하는 것보다 그것을 해체하면서 일본에서 사는 사람들이 편하게 살아가기 위한 새로운 사회를 만드는 노력이 요

---

67) 鄭栄桓, 「吉沢文寿報告へのコメント」(『朝鮮史研究会会報』 第183号, 2011年5月).

구되고 있다. 그것을 한마디로 말하면 '식민주의의 극복'이라
고 할 수 있다.

제5장

'반환'인가 '증여'인가
−문화재 반환

제5장에서는 전적(고서)을 중심으로 한일회담의 문화재 교섭에 대해 고찰하기로 한다. 문화재 교섭은 우여곡절 끝에 1966년 5월 28일에 '도자기, 고고 자료 및 석조 미술품', '도서', '체신 관계 품목' 등 1,432점의 문화재가 한국으로 인도되었다. 44년 후인 2010년 12월 14일에는 「대한민국정부와 일본국정부 간의 도서에 관한 협정」(한일도서협정)이 체결됨에 따라 일본정부가 한국정부에 조선왕실의궤(필자 주=조선왕실의 행사와 그 준비과정, 동원된 인원, 비용 등을 문장과 그림으로 기록한 문서류를 총칭)를 인도했다. 이와 관련하여 제5장에서는 전적 및 이를 포함한 문화재 목록을 중심으로 교섭을 정리할 것이다.

한일회담의 문화재 문제를 논하기 전에 조선왕실의궤의 인도 경위에 대해서 간단하게 확인하도록 한다. 2010년 8월 9일자 『조선일보』 기사에 따르면 한일회담 당시 조선왕실의궤가 궁내청에 보관되어 있었다는 사실을 몰랐으며 반환 대상에 포함되지 않았었다고 한다. 그 후 한국해외전적조사연구회 회장인 천혜봉 교수가 처음으로 궁내청 서릉부(역자 주=書陵部: 메이지 시대 당시 설치된 도서료(図書寮, 1884년)와 제릉료

(諸陵寮, 1986년)를 1949년에 통합한 궁내청의 부속 기관이다. 도서과, 편수과, 능묘과로 구성되어 있으며, 황실 관계 문서와 자료의 관리 및 편수, 능묘 관리를 담당하고 있다)를 조사하고, 2001년에 발행한『해외 전적 문화재 조사 목록-일본 궁내청 서릉부 한국본 목록』을 통해서 "이전 소장 오대산 사고 다이쇼 11년 5월 조선총독부 기증"이라는 도장이 찍힌 조선왕실의궤 72종이 국내청에 보관되어 있다는 사실이 밝혀졌다고 한다. 후술하는 의궤와 관련한 한국 국회의 결의안에도 그 이상의 내용이 기재되어 있지 않았으며, 조선총독부가 궁내성에 '기증'했다는 점에 대해서 지금도 문서 등을 통해서 확인되지 않고 있다.

그리고 2006년 7월에 도쿄대가『조선왕조실록』오대산 사고본(필자 주=『조선왕조실록』은 조선왕조의 역대 왕들에 대해 편찬한 사료이다. 후세에 전하기 위해서 4부에서 5부를 작성하여 전국 각지의 서고에 한 부씩 보관했다. 강원도에 있었던 오대산 사고본은 한국병합 후에 조선총독부로 이관되고, 그후 도쿄제국대학<현재의 도쿄대학>으로 이전되었다)을 서울대로 반환하자, 같은 해 9월에 조선왕실의궤환수위원회가 발족했고 12월에 한국 국회에서「일본 소장 조선왕실의궤 반환요구 결의안」이 채택되었다.

이때 한일 양국 간에 의궤와 관련한 구체적인 움직임은 나타나지 않았다. 그러나 한국병합 100년에 해당하는 2010년 2

월 25일, 한국 국회에서 같은 결의가 채택되자 한일 간의 교섭이 급속하게 진전되었다. 그 결과 같은 해 8월 10일, 간 나오토(菅直人) 총리가 담화를 발표하고 11월 14일에 한일 양국 정상이 의궤를 포함한 1,205책의 궁내청 관리 서적을 한국으로 인도한다는 한일도서협정에 서명했다. 2011년 6월 10일에 동 협정이 발효되었고 10월 19일에 열린 한일정상회담에서 정조의 시문집인 『정묘어제』와 함께 의궤의 일부인 『대례의궤』 등 3종 5책이 인도되었다. 그 후 의궤를 비롯한 나머지 고서 147종 1200책이 12월 6일에 모두 인도되었다.

1. 한국정부의 대일배상요구조서

해방 직후인 1945년 12월, 진단학회(필자 주=1934년 5월에 조직된 역사학회)가 일본인들에게 약탈된 도서 및 보물 목록(서적 212종, 미술품 및 골동품 837종)을 완성하고 미군정청에 제출했다.[1] 그 후 남한에서 수립된 대한민국정부는 『대일배상요구조서』(이하 『조서』)를 완성했다. 단 『조서』의 '서적'에 대한 설명에는 "임진왜란 당시 일본인들에게 약탈당한 조선 전래 서적의 반환을 요구한다"고 되어 있었기 때문에 식민지 시

---

1) 류미나, 「'韓日会談外交文書'로 본 한·일 문화재 반환교섭」 (국민대학교 일본학연구소 편, 『의제로 본 한일회담-외교문서 공개와 한일회담의 재조명2』 선인, 2010년), p.390.

기에 일본으로 반출된 조선 문화재는 포함되어 있지 않았다. 또한『조서』에서 반환을 요구하고 있는 서적도 212종인 것을 보면 이 내용은 진단학회의 조사 결과라고 생각된다.

『조서』는 임진왜란 후에 도쿠가와(德川) 막부가 "대부분의 조선인 포로를 반환했지만, 일본인이 약탈했던 물품과 서적은 하나도 보내지 않았다"라고 하면서 임진왜란 당시 약탈당한 서적의 반환을 우선하는 이유를 설명하고 있다.『조서』의 내용이 1949년 9월 1일 현재까지 조사된 것이며 "조사되는 대로 추가할 예정"이라는 설명이 있기 때문에, 이 시점에서 한국 측이 식민지 시기 당시 반출된 서적의 반환을 포기한 것은 아니라고 생각된다.2)

임진왜란 당시 약탈당한 서적은 도쿠가와 시대에 도쿠가와 3대 가문(역자 주=德川三家: 도쿠가와 막부를 연 도쿠가와 이에야스 다음으로 높은 지위를 가진 도쿠가와 가문의 세 가문을 말함)을 통해서 보관 또는 분배되었다고 한다. 그 결과『조서』작성 당시에 서적의 소재지로 생각되던 장소는 다음의 열 곳이다. 단 구체적인 서적명을 알 수 있는 것은 궁내청 도서료 및 오사 문고(蓬左文庫)뿐이다. 아래는 해당 소재지를 나타낸 것이며 이에 대해 필자가 간단하게 설명을 달았다.

① 도쿄시 궁내성(宮内省) 도서료(図書寮)

---

2) 대한민국정부, 『대일배상요구조서』, 1954년, pp.15~23.

- 1949년에 제릉료와 통합하여 궁내청 서릉부가 됨.
② 도쿄시 오사 문고(蓬左文庫)
- 오와리 도쿠가와 가문(尾張德川家)의 장서. 1950년에 나고 야시에 이관되어 현재에 이르고 있음.
③ 도쿄시 제국 도서관(帝国図書館)
- 1947년에 국립국회도서관으로 개칭함.
④ 도쿄시 마에다(前田) 후작 가문 손케가쿠 문고(尊経閣文庫)
- 가가번(加賀藩) 마에다 가문(前田家)의 장서. 현재 재단법 인 마에다 육청회 손케카쿠 문고(前田育聴会尊経閣文庫).
⑤ 도쿄시 도쿠토미 이이치로(德富猪一郎) 세키도 문고(成簀堂文庫)
- 도쿠토미 소호(德富蘇峰)의 장서. 현재 오차노미즈(お茶の水) 도서관에 있음.
⑥ 도쿄시 도쿠가와 구니유키(德川田順) 후작 가문
- 도쿠가와 구니유키는 미토번(水戸藩) 도쿠가와 가문의 13 대 당주임.
⑦ 미토시(水戸市) 쇼코칸 문고(彰考館文庫)
- 『대일본사』(大日本史) 편찬을 위한 사료. 현재 공익재단법 인 도쿠가와 뮤지엄(德川ミュージアム)이 관리하고 있음.
⑧ 하기시(萩市) 도슌지(洞春寺)
- 모리 모토나리(毛利元就)를 기리는 사찰로 에도 막부 말 기에 하기(萩)에서 현재의 야마구치시(山口市)로 이전됨. 임진왜란 당시 모리모토 데루토모(森本輝元)가 반출했다 고 생각되는 장서가 청구 대상이었음.
⑨ 와카야마시(和歌山市) 와카야마 사범학교
- 1949년의 와카야마대학 설립과 함께 1951년에 폐교됨.
⑩ 나이카쿠 문고(内閣文庫)
- 현재 국립공문서관(国立公文書館)으로 통합되어 있음.[3]

---

3) 위의 책, pp.23~24.

또한 한국정부는 1951년부터 일본에 있는 구 이왕가(필자
주=구 이왕가<李王家>는 조선왕조의 왕족이다. 한국병합에 따
라 일본의 왕족·공족이 되었으며 황족에 준하는 대우를 받았
지만, 일본국헌법 시행에 따라 그 신분을 잃었다)의 재산 조사
를 실시했다. 그 내용은 2005년에 한국정부가 공개한 외교문
서에 포함되어 있다. 그러나 해당 재산의 대부분은 부동산이나
주식이며 조선왕실의궤 등의 서적, 미술품 등의 문화재를 포함
하지는 않았다.

2. 문화재 교섭의 전적 목록에 대해서

제1~3차 한일회담의 논의

문화재 문제는 초기 한일회담에서 재산청구권 범주에 있었
다. 1952년 2월 20일에 열린 청구권위원회 제1회 회합에서 한
국 측은 「한일 간 재산 및 청구권 협정 요강」을 제출했다. 그
첫 번째 항목에 '한국에서 가져온 고서적, 미술품, 골동품, 그
외의 국보, 지도원판 및 지금과 지은을 반환할 것'이 명기되었
다.[4] 하지만 전술한 바와 같이 일본 측이 재조일본인 재산에
대한 청구권을 제기했기 때문에 문화재에 대해서는 구체적인

---

4) 「日韓会談　第一回財産請求権問題委員会議事要録」(1953年2月20日付), 日本外交文書
　　1173, p.7.

논의가 이루어지지 않았다.

  제2차 회담이 1953년 4월부터 시작되었고 5월 14일에 열린
비공식회합에서 한국 측은 「한국국보, 역사적 기념물(미술공예
품, 고서적, 그 외) 반환 요구」에 대해 목록을 첨부하여 일본
측에 조사를 촉구했다. 목록의 구체적인 내용은 『조서』내용에
따른 것이다. 사실 일본 측에서는 외무성이 1952년부터 조선
관계 서적을 소재한 기관들에 조사를 의뢰하고 있었다. 하지만
해당 조사에서 서적들이 임진왜란으로 인해 일본으로 약탈된
것인지에 대한 여부는 전혀 언급되지 않고 있다.[5]

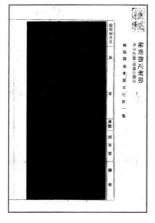 

<왼쪽>「한국 관계 중요문화재 일람」(일본외교문서 589, p.1) 작성연도
및 작성자 불명. 제목만 공개된 문서이다. <오른쪽>「한국 서적 조사」
(1952년 8월 21일 자, 일본외교문서 583, p.28) 국립국회도서관이 소
장한 조선관계자료를 문부성에게 보고한 것이며 그 목록은 모두 비공개
이다.

---

5) 「AIDE-MEMOIRE on talking of the 14th May, 1953」, 日本外交文書 693, p.35.

제3차 회담의 제2회 청구권위원회 회합(1953년 10월 15일)에서 한국 측은 이전 회합의 추가 자료로 「한국 국보 고서적 목록(제2차분)」을 제출했다. 이 회합에서 일본 측은 일본에 있는 조선 관계 서적은 모두 정당한 수단으로 반출된 것이라고 주장하면서 그 약탈성을 거부했다. 이 논의가 발단이 되어 구보타 간이치로 수석대표의 조선 식민지 지배가 정당하다는 발언이 나왔던 것이다. 그 논의의 개요는 다음과 같다.

> 회의 시작 후, 한국 측이 지난 4월 회담(제2차 회담-인용자 주)에서 제출한 문화재에 관한 조사의 추가분이라면서 목록의 일부를 제출했다. 이에 대해 우리 측(일본 측-인용자 주)이 이전에 제시된 목록에 대해 조사한 결과, 모두 정당한 수단으로 입수한 것이며, 게다가 그 대부분은 도래 연도도 오래되고 총독부 시대에 몰수·약탈한 것은 없다. 이번에 추가된 목록에 대해서도 조사는 하겠지만 아마도 약탈 재산과 비슷한 것은 없다고 생각된다. 우리 측은 문화재에 대해서 청구권 문제와는 별개로 한국의 독립을 축하한다는 견지에서 약간의 문화재를 한국에 증여하도록 정부에 진언해도 좋다고 생각한다. 하지만 한국 측이 약탈품이니까 돌려달라고 주장한다면 거절하지 않을 수 없다. 또한 본 건은 성격상 문화협정의 내용을 이루는 것이라고 생각하고 있다.
> 이에 대해 한국 측의 일부 위원이 자신의 개인적 경험에 비추어도 다수의 한국 문화재가 불법으로 일본으로 반출되어 있다고 주장하면서, 재계의 모 유력자(비공개 정보로 인해 불명-인용자 주)를 가리키며 수집한 문화재는 정당한 대가를 지불한 것이 아닐 것이다 등의 발언이 있었다. 홍진기 주임위원은 문화재에 대한 청구는 정치적인 숨은 뜻이 있고 그 근거를 불문으로 하는 표면상의 방침을 취했는데, 일본

측이 의무로서 인도할 것이 없다고 명언한다면, 한국 측으로서도 다시 생각할 수밖에 없다. 그 경우 약탈을 부정한 입증 책임은 일본 측에 있다고 주장했다.6)

이와 같이 일본 측은 한국 측의 청구에 대해 약탈한 것은 없다고 말하면서 "한국의 독립을 축하한다는 견지에서 약간의 문화재를 한국에 기증한다"는 생각을 드러냈다. 이에 대해 한국 측은 다수의 문화재가 불법으로 일본으로 반출되었고 수집될 때도 정당한 대가를 지불한 것은 없다고 반론했다. 하지만 한국 측은 문화재 반환 청구의 "근거를 불문"으로 하는 등 일본 측에 일정한 배려를 하고 있었다. 그럼에도 불구하고 일본 측은 한국 측의 제안을 받아들이지 않았다.

1958년의 문화재 인도를 둘러싼 논의

1957년 12월 31일에 발표된 한일공동선언과 함께 일본정부가 비공식적으로 문화재의 인도를 합의했는데, 이것이 문화재 교섭의 전기가 되었다. 이를 통해 한국정부의 문교부는 다음 해 1월 21일 자로 「피탈문화재 중 일부의 설명서」를 외교부로 송부했다. 그 내용은 ① 양산부부총 발굴품, ② 낙랑 왕간묘 발굴품, ③ 경주 석굴암 내 대리석 사리탑 1, 감불 2, ④ 오대산 사고 소장 조선실록 1질, ⑤ 마쓰카타(松方) 후작 외 25명

---

6) 「日韓交渉報告 (再九) 請求権部会第二回会議状況」(久保田参与, 1953年10月15日付), 日本外交文書 174, pp.1~2.

소장 고려자기 120점, ⑥ 오구라 다케노스케(小倉武之助) 소장품이었다. 이들은 모두 식민지 시기 조선에서 발굴·수집되어 일본의 대학, 박물관, 개인에게 반출된 것이며 일본의 국보나 중요문화재 등으로 지정되어 있는 것도 포함되어 있다.7) 이중 ④는 2006년에 도쿄대가 서울대로 인도한 것과 동일한 것으로 생각된다.

그러나 1958년 4월 16일에 일본이 한국에 인도한 문화재 106점은 상기 목록에는 없는 것이었다. 일본의 문화재보호위원회가 같은 해 2월에 작성한『한국 관계 문화재 추가 참고자료』에 따르면, 해당 문화재는 1918년부터 교토대학의 하마다 고사쿠(濱田耕作) 교수가 중심이 되어 경상북도 창녕군 창녕면 교동 제31호 고분에서 발굴된 것이었다. 이것은 조선총독부 박물관에 보관되어 있었는데 총독부의 재정난과 함께 제실박물관이 대륙실(조선실, 중국실 등)을 만들 예정이었고, 총독부가 미술품을 요구하고 있었기 때문에 1938년 9월에 제실박물관으로 이관되었다. 1958년 당시에도 도쿄국립박물관에서 보관되고 있었던 것이다.8) 또한 문화재전문위원인 황수영 동국대 교수는 일본 측이 인도한 문화재에 대해서 "자료 가치도 크다고

---

7) 「피탈 미술품에 관한 문의의 건」(1958년 1월 21일, 문교부 장관 송신, 외무부 장관 수신) 및 「제4차 한일회담(1958.4.15 - 60.4.19) 문화재소위원회 회의록 및 문화재 반환 교섭, 1958」, 한국외교문서 102, pp.109~114.

8) 「韓国関係文化財追加参考資料」(文化財保護委員会, 1958年2月28日付), 日本外交文書 567, pp.24~25.

는 할 수 없"다고 주일대사에 보고하고 있다.[9]

외무성은 문화재 인도 당시 106점과는 별개로 문화재보호위원회가 작성한 489점의 양산부부총 출토 목록을 한국 측에 건넸다. 한국 측은 이 목록도 앞으로 반환될 것으로 생각하고 있었지만, 일본 측은 해당 목록의 인도 가능성에 대해 확언하지 않았다.

제4차 회담의 논의

1958년 4월부터 시작된 제4차 회담에서 문화재 문제는 청구권 문제에서 독립되어 논의되었다. 6월 4일에 열린 제1회 회합에서 한국 측은 다음과 같이 제안했다.

A. 한국문화재라 함은 모든 고서적, 미술품, 골동품, 그 외 문화재, 지도원판을 포함한다.

B. 한국은 국내에 서로 다른 여러 의견도 있지만, 1905년 이후 한국에서 일본으로 가져간 한국문화재의 반환을 요구한다(또한 이 점에 대해서는 한국 국내에서 1905년 이전에 일본으로 가져간 것도 많으므로, 이에 대한 반환을 요구해야 한다는 의견도 있지만, 본 위원회의 원활한 해결을 위해 일단 1905년 이후로 한다는 취지를 부언했다).
따라서 일본이 한국으로 반환할 용의가 있는 모든 한국문화재 목록을 제출하도록 요구한다.[10]

9) 荒井信一, 『コロニアリズムと文化財―近代日本と朝鮮から考える』岩波書店, 2012年, p.129.

185

이에 대해 황수영 교수는 외무부 장관에 보낸 1958년 7월 7일 자 보고에서 "우리 문화재의 반출 시기를 '서력 1905년 이후'로 한정했기 때문에, 그 이전에 있어서 주로 임진왜란을 계기로 약탈되었다고 추정되는 문화재는 청구 대상에서 제외해야 하므로 그 취사선택의 필요가 있습니다. 이것은 특히 전적 부문에 있어서 더욱 심하다"고 말했다.[11]

이 기술에서 한국정부가 일본에 청구한 전적 목록은 빨라도 『조서』 작성 후에 다시 만들어진 것으로 생각된다. 또한 황수영 교수는 전적 및 개인소장품을 주로 담당·조사할 전문위원을 한 명씩 보강해야 한다고 제언했다.[12] 제5차 회담 당시 이홍직 고려대 교수가 황수영 교수와 함께 전문가회의에서 문화재 교섭을 담당하게 된 것은 이러한 사정이 있었기 때문이라고 생각된다.

10월 25일에 열린 제5차 회합에서 한국 측은 「제1차 반환청구 한국문화재 항목」을 제시했다. 그 내용은 다음과 같다. 이 항목들은 표현은 다르지만 같은 해 1월에 문교부가 제시한 청구 항목과 거의 겹친다.

---

10) 「第四次日韓全面会談における請求権小委員会の第一回会合」(1958年6月4日付, アジア局北東アジア課), 日本外交文書 445, p.3.

11) 「조사 보고에 관한 건」(1958년 7월 7일, 황수영 송신, 임병직 수신), 「제4차 한일회담(1958.4.15−60.4.19) 문화재소위원회 회의록 및 문화재 반환 교섭, 1958」, 한국외교문서 102, pp.198~199.

12) 위의 문서, p.201.

제1항 지정문화재 (중요미술품을 포함)

제2항 소위 조선총독부(조선고적연구회)에 의해 반출된
것

제3항 소위 통감·총독 등에 의해 반출된 것

제4항 경상남북도 소재 분묘, 그 외 유적에서 출토된 것

제5항 고려시대 분묘, 그 외 유적에서 출토된 것[13]

(필자 주=조선고적연구회는 1931년 8월에 설립된 조선총
독부 박물관의 외부 단체이다. 연구회의 이사장에는 정무총
감을 추천하고, 구로이타 가쓰미(黑阪勝美), 오다 쇼고(小田省
吾), 하마다 코사쿠, 하라다 요시토(原田淑人), 이케우치 히로
시(池内宏), 우메하라 스에지(梅原末治) 및 학무국장을 이사로
하여 총독부박물관 내에 사무소를 설치했다. 모임의 조사활
동자금은 이와사키 코야타(岩崎小弥太), 호소카와 모리타쓰
(細川護立)의 기부금, 일본학술진흥회 보조금, 궁내성이나 이
왕가의 하사금 이외에 사업가나 문화인의 원조를 받았다)

그 후 한일 양국에서 문화재에 대한 조사가 이루어졌다. 특
히 한국정부가 1959년 10월 7일 자로 작성한 「Korean Claims
against Japan(Art Objects & Vessels)」(한국의 대일청구권 <미
술품 및 선박>)의 첨부 자료 「Cumulative List of Art Objects
and Archeological Materials in Japan」(일본 소재 미술품 및
고고학 자료 누적 목록)은 점수만 제시했지만, 항목 및 소재별
수치가 정리되어 있다.[14] 하지만 1959년에 재일조선인 귀국

13) 「第4次日韓全面会談における請求権小委員会(文化財)の第5回会合」(1958年10月25日
付, アジア局北東アジア課, 日本外交文書 445, pp.35~36.

14) 「Cumulative List of Art Objects and Archeological materials in Japan」, 「제4차 한
일회담(1958.4.15-60.4.19) 문화재소위원회 회의록 및 문화재 반환 교섭, 1958」,

문제(150쪽 참조)가 문제시되면서 문화재 교섭은 거의 진전이 없었다. 결국, 1960년에 일어난 한국의 4·19 혁명으로 인해 제4차 회담은 중단되었다.

제5~6차 회담의 논의

제5차 회담은 1960년 10월부터 시작되었다. 11월 11일에 열린 제1회 문화재소위원회 회합에서 한국 측은 제4차 회담 때 제출한 5항목에 「서화, 전적 및 지도 원판」, 「개인소유 문화재」를 추가한 7항목을 청구했다.[15] 그 후 같은 달 14일에 열린 비공식회합에서 일본 측은 문화재 문제에 관한 세 가지 조건을 제시했다.

그것은 ① 국유문화재는 원칙적으로 드리겠다. 드리겠다는 것은 반환의 의미가 아니라 기부한다는 의미이다, ② 사유문화재는 인도할 수 없다, ③ 문화재를 드리겠다는 것은 어디까지나 정치적·문화적 고려에서 행하는 것이며 법률적 의무로 행하는 것은 아니었다.

일본 측은 문화재 교섭을 통해서 이 원칙을 관철했다.[16] 제5

한국외교문서 102, pp.248~252.

15) 「第5次日韓全面会談予備会談における文化財小委員会第1回会合」(1960年11月11日付, 北東アジア課), 日本外交文書 48, p.5.

16) 「일본 측 대표와의 비공식회담 보고의 건」(1960년 11월 21일, 제5차 한일회담 예비회담 수석대표 송신, 외무부 장관 수신), 「제5차 한일회담 예비회담. 문화재소위원회 및 전문가회의 보고, 1960.11－61.5」, 한국외교문서 711, pp.13~15.

차 회담부터 문화재소위원회의 틀 안에서 해당 문화재를 구체적으로 논의하는 전문가회의가 시작되었지만, 1961년 5월에 한국에서 군사 쿠데타가 발생하여 교섭은 진전 없이 중단되었다.

1961년 10월부터 시작된 제6차 회담에서 문화재소위원회와 함께 구체적인 품목을 논의하는 전문가회의가 병행되었다. 이와 같은 회담 형식은 청구권 교섭과 같았고, 다음 해 3월에 열릴 고사카(小坂)·최덕신 외상 회담을 위한 실무교섭이 서둘러졌다. 12월 18일에 열린 제5회 문화재소위원회 회합에서 일본 측의 수석위원 이세키 유지로(伊関佑二郎) 외무성 아시아국장[17]은 한국 측의 7항목 관련 청구에 대해 다음과 같이 일본 측의 입장을 다시 제시했다.

① 불법·부당한 수단으로 문화재가 반출되었다는 것에 대해서 한국 측이 확실한 증거를 기반으로 설명했다고 인

---

17) 이세키 유지로(1909~1999) 도쿄 출생. 1932년 도쿄제국대학 법학부 졸업. 그 후 외무성에 들어가 난징대사관 일등서기관, 칭타오 영사 역임. 패전 후 배상청 비서과장 겸 총무과장, 공직자격 소원심사위원회 사무국장, 경찰예비대 부총감, 외무성 연락국장·국제협력국장이 되었다. 1954년 홍콩 총영사, 이어서 법무성 임국관리장, 외무성 이주국장, 아시아국장을 거쳐 1962년 네덜란드 대사, 1966년 인도 대사 역임. 퇴관 후 산쇼 실업(三晶実業) 회장을 맡았다. 한편 이세키는 제5~6차 회담에서 외무성 아시아국장으로 기본관계위원회 및 문화재소위원회에서 주사(主査)를 맡았으며, 김종필-오히라 회담 때까지 실무자 회합에서 스기 미치스케(杉道助) 수석대표를 보좌했다. 1962년 9월 3일에 열린 한국 측과의 회합에서 이세키가 "사실상에 있어서 독도는 무가치한 섬이다. 크기는 히비야(日比谷) 공원 정도인데, 폭발이라도 해서 없애 버리면 문제가 없을 것이다"라고 발언했다는 기록이 있다「제6차 한일회담 제2차 정치회담 예비절충 제4차 회의」(1962년 9월 3일), 「제6차 한일회담. 제2차 정치회담 예비절충: 본회의, 1-65차 1962.8.21-64.2.6 전5권 (V.2 4-21차 1962.9.3.-12.26)」한국외교문서 737, pp.17~26. 한편 일본정부의 의사록에는 그러한 발언이 기록되어 있지 않다).

정할 수 없다. 또한 당시부터 수십 년이 경과한 지금 그
사실을 입증하기는 어렵다. 게다가 일본인 개인에 의해
부당한 행위가 있다고 하더라도 그것에 대해 국가가 책
임을 져야 한다는 국제상의 문제는 없다,

② 문화재를 출토국으로 귀속한다 또는 출토국으로 반환해
야 한다는 국제법 원칙이나 관례는 찾아볼 수 없다.

③ 이상의 두 가지를 통해할 일본 측에 반환할 의무가 있
다거나 한국 측에 요구하는 권리가 있다는 것은 생각할
수 없다. 그러나 일본 측으로서는 한국의 문화진흥에
가능한 한 기여·공헌하고 싶으며, 국교정상화 시, 일본
측의 자발적인 의지에 따라 어느 정도의 것을 증여하고
싶다.18)

그리고 외무성 북동아시아과가 다음 해 2월 14일에 작성한
「문화재 문제 해결 방침에 관한 건(토의용 자료)」에서 외무성
이 한국 측에 인도할 품목으로 다음과 같은 것을 들고 있다.

① 도쿄박물관 소장 경상남북도 양산군 양산면 북정리 출
토 489점

② 그 외, 약간의 고려자기 및 도쿄예술대학이 소장하고
있는 유일한 국유 중요문화재 미술품 1점

③ 한국 측이 특히 집착하는 것으로 보이는 오구라 컬렉션
(오구라 다케노스케 소장품을 말함-인용자 주) 중, 약간
의 것을 정부가 사들이거나 또는 오구라 씨의 자발적인
의지를 바탕으로 기증하는 것

④ 체신 관계 문화재(도쿄체신박물관 소장)

⑤ 고서적에 대해서는 주요한 것(한국 측이 특히 관심을

---

18) 「一二月一八日の文化財小委員会第五回会合における伊関主査発言要旨」, 日本外交文書
267, pp.73~75.

보이고 있는 궁내청 서릉부의 이른바 통감본, 교토대학의 가와이 문고(河合文庫), 데라우치 문고(寺内文庫)를 포함)을 마이크로 필름에 수록하여, 그 필름을 한국 측에 증여할 것(반대로 마이크로 필름을 일본 측에 보관하는 것도 생각할 수 있음)

이 중 ①은 1958년의 문화재 인도 당시 한국 측에 건넨 목록과 동일하다. ④는 한국의 체신부가 1959년 2월에 「한국 체신 문화재 대일 현물반환요구 품목」을 작성했는데, 이에 대한 문화재 교섭은 별로 이루어지지 않았다.[19]

그 후 2월 28일에 이루어진 제7차 문화재소위원회 회합에서 한국 측은 구체적인 「반환 청구 한국 문화재 목록」을 제시했다. 이후 문화재 교섭은 이 목록을 바탕으로 인도 품목이 정해졌으므로 그 항목을 아래와 같이 제시해 둔다. 제3항의 ①과 ②에 관해서 한국 측은 1963년 3월 2일에 열린 문화재 관계 전문가회의에서 구체적인 항목을 제시했는데, 대부분이 도쿄국립박물관에 소장되어 있는 것들이었다.

제1항 조선총독부에 의해 반출된 것
　　① 경상남도 양산부부총 출토품
　　② 경주 노서리 215번지 고분 출토품
　　③ 경주 황오리 제16호 고분 출토품
　　④ 평안남도 대동군 대동강면 정백리 127, 227호분

---

19) 「文化財問題の解決方針に関する件 (討議用資料)」(1962年2月14日付, 北東アジア課), 日本外交文書 576, pp.13~14.

출토품

⑤ 평안남도 대동군 대동강면 석암리 201호분 출토품

⑥ 평안남도 대동군 대동강면 남정리 116호분 출토품

⑦ 평안남도 대동군 대동강면 왕간묘 출토품

제2항 통감 및 총독 등에 의해 반출된 것
  ① 이토 히로부미(伊藤博文) 고려자기
  ② 소네 아라스케(曾根荒助) 한국 전적
  ③ 데라우치 마사타케(寺内正毅) 전적, 서화, 불상
  ④ 통감부 장서
  ⑤ 가와이 히로타미(河合弘民) 장서(관부 기록)

제3항 일본 국유의 다음 항목에 속하는 것
  ① 경상남북도 소재 분묘, 그 외 유적에서 출토된 것
  ② 고려시대 분묘, 그 외 유적에서 출토된 것
  ③ 체신 관계 문화재

제4항 지정문화재
  오구라 다케노스케 소장품 및 그 외

제5항 그 외
  ① 다니이 사이이치(谷井済一) 소장품
  ② 오구라 다케노스케 소장품
  ③ 이치다 지로(市田次郎) 소장품
  ④ 석조미술품[20]

---

20) 「返還請求韓国文化財目録」, 日本外交文書 267, pp.86~90.

제7차 회담의 논의와 문화재 협정을 통한 문화재의 인도

한국에서 일어난 한일회담 반대투쟁으로 인해 1964년에 중단된 한일회담은 같은 해 12월에 재개되었다. 일본 측은 한국 측이 제시한 목록에 대해 논의하면서도 인도 품목에 대한 주도권을 가지고 있었다고 말할 수 있다. 즉 일본 측은 일본에 없는 학술상의 귀중한 자료나 도쿄국립박물관에 설치 예정인 동양관(1968년 개관)에 전시하고 싶은 품목은 되도록 일본에 남겨두려고 했다. 특히 한국 측이 1958년부터 반환을 강하게 요구했던 양산부부총 출토품은 일본정부 내에서도 인도 여부가 논의되었다.

하지만 1964년 3월 22일, 일본 측 관계자 내부 회의에서 문화재보호위원회 사무국의 마쓰시타 다카아키(松下隆章)[21] 미술공예과장이 ① 이 출토품이 임나와 일본의 관계를 설명하는 귀중한 것이라는 점, ② 조선고적연구회의 발굴 당시 일본학술진흥회가 연간 2만 엔씩 총 6만 엔, 궁내청이 5,000엔, 이왕가가 3,000엔을 각출했으며, 이에 대한 예의의 의미로 출토품의 1/3을 제실박물관에 기증한 점 등을 들어 인도에 반대했다.[22]

---

21) 마쓰시타 다카아키(1909~1980) 나가노현(長野県) 출생. 1933년 게이오대학(慶應義塾大学) 미학미술사학과 졸업. 일본회화사를 전문으로 했으며 불화나 수묵화와 관련한 많은 논문과 저서가 있다. 1934년 제실박물관 연구원, 1938년 제실박물관 감사보좌에 임명되었다. 1947년에 국립박물관 부속 미술연구소에 들어갔으며, 1952년 문화재보호위원회 사무국 미술공예과로 이동하여 1959년에 미술공예과장, 1965년에 문화재 감사관이 되어 국보·중요문화재 지정과 보호 등 문화재 행정의 중심으로 활동했다. 그 후에도 나라국립문화재연구소장, 교토국립박물관장 등을 역임하면서 1955년부터 1969년까지 게이오대학에서 미술사를 강의했다.

결국 이와 같은 논의 끝에 일본 측은 양산부부총 출토품의 인도를 거절하기로 결정했다. 그 대신 문화재 교섭의 최종 단계에서 전술한 한국 측 청구목록의 제1항 ② 및 ③에 해당하는 출토품 모두와 제3항 ① 및 ②에 해당하는 품목을 늘려서 한국 측에 인도하기로 했다.

전적에 대한 논의는 고고학 자료와 비교하면 그렇게 대립하지는 않은 것 같다. 북동아시아과가 1965년 7월 1일 자로 작성한 설명은 다음과 같다. "도서 163부 852책은 궁내청 서릉부 소장의 것이다. 그중 22부 90책은 메이지 44년 7월 당시 조선총독부에서 궁내성으로 이관된 것이며 152부 765책은 소네 아라스케(제2대 한국 통감-인용자 주)의 헌상본으로 메이지 43년 12월에 도서료로 인계된 것이다".[23] 즉 한국 측이 청구하고 있었던 전적 중 초대 조선총독인 데라우치 마사타케나 조선사 연구자인 가와이 히로타미가 일본으로 반출한 것은 포함되지 않았던 것이다.

또한 일본 측은 한국 측이 강하게 요구했던 서적들 중 인도할 수 없는 것에 대해서는 '선물'로서 마이크로 필름을 제작하기로 했다. 1965년 6월 18일에 열린 문화재 교섭에서 일본 측은 그 대상으로 오사 문고, 나이카쿠 문고, 손케가쿠 문고(1965년 현재 동양문고에 있음), 모미지야마 문고(紅葉山文庫, 궁내

---

22) 「文化財に関する打合会」(1965年3月22日付, 北東アジア課), 日本外交文書 581, pp.15 ~24.

23) 「韓国に引渡す文化財について」(1965年7月1日付, 北東アジア課), 日本外交文書 593.

청 서릉부)의 장서를 검토하고 있다고 설명했다. 그리고 한일협정을 기반으로 1966년 5월 18일에 문화재와 함께 138종의 서적 마이크로 필름도 포함하여 한국으로 인도되었던 것이다.

이때 요시다 겐조(吉田健三) 주한임시대리대사는 "앞으로 문화협력 면에서의 발전이 이루어지길 진심으로 희망합니다"라고 말하면서 문화협력을 강조하는 인사를 간결하게 했다.24) 이에 대해 이동원 외무부 장관은 문화재에 대한 생각을 다음과 같이 말했다.

> 우리가 반세기 이상이나 잃어버리고 있었고, 지금 다시 찾아낸 이 문화재 하나하나에는 우리 선조들의 영혼과 정신이 깃들어져 있으며, 우리 민족문화의 귀중한 자산으로서 영원히 우리 자손들에게 남길 수 있을 것입니다.
> 한일 양국은 지리적으로 근접한 관계이면서도 불행한 과거를 가진 것은 가슴 아픈 일입니다. 이러한 불행한 과거를 청산하고 새로운 관계를 수립하는 것이 한일국교정상화의 가장 큰 의의였으며, 우리 문화재의 반환이야말로 불행한 과거를 청산하는 데 있어서 크게 공헌하는 것임을 저는 믿어 의심치 않습니다.25)

이와 같이 이동원 외무부 장관은 한일 우호와 함께 과거 청산에 대해서도 언급하는 정중한 인사를 했다. 이것은 문화재

---

24) 「文化財引渡に於ける吉田代理大使挨拶 (1966.5.28)」, 日本外交文書 1120, pp.96~97.

25) 「文化財返還に際する李東元外務部長官の挨拶」(1966年5月28日付), 日本外交文書 1120, pp.93~95.

교섭이 마지막까지 동상이몽이며, 일본의 식민지 지배 책임을 애매하게 하기 위한 교섭이었다는 것을 명확하게 상징하고 있다고 말할 수 있다.

맺음말

마지막으로 서두의 문제 제기로 돌아가 제5장의 내용을 정리하기로 한다. 한일회담의 문화재 교섭에서 한국정부가 관심을 가졌던 전적은 임진왜란 때 일본으로 약탈된 서적이었다. 그러나 1958년에 개최된 제4차 회담부터 1905년 이후 일본으로 반출된 것에 한정하여 청구 항목을 다시 작성했다. 하지만 그중에서도 조선왕실의궤가 포함되어 있었다고는 생각할 수 없다. 같은 오대산 사고의 조선왕조실록이 1958년 1월에 문교부의 대일청구대상에 포함되어 있었던 것을 생각하면, 조선왕실의궤가 외교문서에서 보이지 않는 것은 매우 대조적이다.

한일회담 당시 적어도 한국 측의 교섭 담당자가 해당 의궤를 대일청구항목으로서 의식하고 있지 않았다고 말해도 좋을 것이다.

한일회담의 문화재 문제는 '반환'인지 '증여'인지라는 쟁점으로 자주 논의되어 왔다. 하지만 한국 측이 조선 문화재의 '반환'을 요구한 것에 대해 일본 측은 어디까지나 '증여'라는 입장을 양보하지 않았다. 1965년에 체결된 한일 문화재협정에

196

서도 '인도'만이 명기되었고 조문에 '반환'의 의미가 담겨 있지 않았다. 당연히 북일국교정상화 교섭에서도 이 문제가 논의될 것이다. 이 교섭에서 일본정부는 전술한 바와 같이 식민지 지배를 통한 일본인의 조선문화재 약탈 사실을 인정한 후에 한반도 북부에서 출토된 문화재의 반환이 실현되어야 한다.

이러한 국가 레벨에서의 '반환'이라는 논리에 따라 문화재 귀환이라는 행위가 이루어지는 것이야말로 '과거 청산'이라는 이름에 걸맞은 것이라고 말할 수 있다. 그러나 이 문제는 일본인 개인이 국가 레벨보다도 훨씬 더 많은 조선 문화재를 소유하고 있다는 것이 큰 난점이다. 게다가 약탈, 불법 반출과 관련한 많은 인물들이 타계했고 문화재가 이 사람 저 사람으로 이동하면서 그 내력을 알 수 없게 되어 버린 것이 적지 않다. 도굴 또는 약탈 당사자가 없는 문화재의 '반환'은 어떻게 하면 실현될 수 있는 것일까. 이러한 문제도 포함하여, 문화재 본연의 모습을 생각하는 것도 앞으로의 한일 관계와 북일 관계의 과제일 것이다.

제6장

독도 영유권 문제의
귀착점은

제6장은 한일 양국이 한일회담에서 독도 영유권 문제를 어떻게 해결하려고 했는지를 규명하는 것이 목적이며, 특히 2013년 이후에 공개된 외무성의 외교 문서를 사용한다. 그리고 제2장에서 설명한 바와 같이 일본 측이 이 문제를 한일회담의 정식 의제로 삼으려고 한 것은 제4차 회담 이후인데(79쪽 참조), 제6장에서는 특히 한일 양국의 대응 방침이 명확해진 제6차 회담 이후의 논의를 정리한다. 이 섬이 어떤 국가의 영토라는 점은 제6장의 과제가 아니다. 또한 일본정부가 2015년 이후에도 비공개로 하고 있는 기록에 대해서도 확인하면서 앞으로의 영유권 논의를 전망한다.

일본의 패전 이후 1945년 9월 2일, GHQ/SCAP은 일본의 어업 및 나포 허가 구역(이른바 맥아더 라인)을 설정하고 그 구역에서 독도를 제외했다. 그 후 연합국총사령부 각서(SCAPIN) 677호 및 1033호에 따라 독도는 일본 선박이나 그 선원이 접근 혹은 상륙할 수 없는 구역이 되었다. 맥아더 라인은 대일강화조약 발표에 따라 폐지되었다.

1952년 1월 18일, 평화선을 설정한 한국정부는 특히 한국전쟁 정전 후에 경비를 본격화하면서 그 해역에 들어온 일본 선박을 차례로 나포했다. 한국정부는 1953년 12월 12일에 어업자원보호법을 공포하고 나포한 일본어민을 '처벌'하기 위한 국내법을 정비했다. 일본정부는 이에 대해 해당 해역에 순시선을 상시로 초계(哨戒)시키고, 동시에 국회에서도 이승만 라인 문제 해결을 요구하는 결의를 반복적으로 가결시켰다. 이와 함께 한일 간에 왕복 서간을 통한 독도 영유권 논쟁이 이루어졌지만 결론이 나지는 못했다.

그런데 논의에 들어가기 전에 몇 가지 확인해 둘 것이 있다. 먼저 '실효 지배'에 대해서 '평온하며 계속적으로 공권력이 행사되고 있는 것'을 의미하는 국제법상의 용어로 한다는 지적이 있다.[1] 이 정의에 따르면 한일 양국이 영유권을 주장하는 독도에 대해서 어떠한 정부도 '실효 지배'를 행사하고 있지 않다는 것이 된다.

또한 영유권 주장의 논리로 '무주지 선점', '고유의 영토', '영유 의지의 재확인' 등과 같은 용어가 있다. 예를 들어 외무성이 말하는 '고유의 영토'는 "한 번도 타국의 영토가 된 적이 없"는 땅를 가리키는 용어이다. 특히 독도의 경우, 근대국가가 형성되는 시기였던 1905년에 시마네현으로 이 섬을 편입되기 이전에 일본 이외의 다른 국가가 이 섬을 영유하지 않았다는 의미를 포함한다.[2] 하지만 일본이나 한국이나 근대 이전에 작

---

1) 浅羽祐樹, 『したたかな韓国 朴槿惠時代の戦略を探る』NHK出版, 2013年.
2) 和田春樹, 『領土問題をどう解決するか』平凡社, 2012年 등.

성된 지도나 기록의 '영역' 문제로 거슬러 올라가 영유권 주장을 하는 경향이 있다. 그로 인해 이러한 용어는 오해를 사거나 불필요한 문제의 확산을 초래하기 때문에 정부의 견해부터 확실하게 정리가 되어야 한다.

또한 독도 영유권 문제에서 주목할 만한 내용으로 제5장에서 소개한 이세키 유지로 외무성 아시아국장의 '폭파' 발언(189쪽 <주17> 참조)으로 대표되는 것과 같이 일본 측이 독도의 영유권 가치를 낮게 본 기술이나, 현재 일본의 독도 주장에 불리하다고 생각되는 일본 측의 발언 등을 들 수가 있다. 예를 들어 "강치의 수가 감소한 현재 경제적으로는 그다지 큰 의의를 가지지 않는다"[3]거나 어디까지나 국교정상화를 우선시하여 독도 문제는 "양국의 체면을 세우는 것과 같은 해결"을 제안[4]하기도 하는 기록이다. 또한 독도 문제에 대해서 이케다 하야토 총리가 "세간의 관심이 없어질 때까지 이대로 놔두는 것도 하나의 안일지도 모른다"라고 말했다는 기록도 있다.[5] 그러나 외무성은 이러한 정보가 공개되어도 일본의 영유권 주장에 영향이 없다고 판단하여 공개하고 있다는 것에 주의할 필요가 있다.

---

3) 「日韓会談議題の問題点」(1956年5月付, 沢田大使説明資料), 日本外交文書 68, pp.68~69(東京新聞, 2013年2月19日付掲載).

4) 「谷公使金公使会談 (第二回)」(1955年2月1日付, 中川(<融>条約局長－引用者注) 記), 日本外交文書 1671, pp.22~23.

5) 「ラスク国務長官・金韓国情報部長会談内容に関する米側よりの通報」(1962年11月7日付, 北東アジア課), 日本外交文書 1823, p.21.

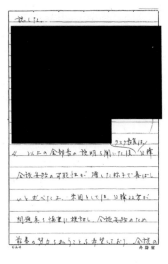

「러스크 국무 장관·김 한국중앙정보국장 회담 내용에 관한 미국 측의 통보」(일본외교문서 1823 p.21) 주5의 자료이다. 처음 공개되었을 때는 비공개(오른쪽)이었지만 2013년 10월의 도쿄지방재판소 판결에 따라 외무성이 공개(왼쪽)했다.

즉 제6장에서 한일회담의 독도 영유권 논의를 검토하는 의미는 앞으로 이 문제의 해결을 전망하는 것에 있다. 이 논의에서 주목하고자 하는 것은 영유권의 근거가 아닌 영유권 문제의 해결책이다. 영유권의 근거에 대해서는 권말의 참고 문헌 등을 참조해 주기 바란다.

1. 제6차 회담 - '의제화'를 둘러싼 논의

1962년 11월 12일에 열린 김종필·오히라 회담을 전후 한 기록을 보면 일본 측은 국제사법재판소(ICJ) 공동제소안을 기반으로 한국 측의 반응을 보면서 독도 영유권의 '의제화'를 모색했다는 것을 알 수가 있다. 그때 "제소부터 판결까지 적어도 2년 내외가 걸리기 때문에 독도에 관한 판결이 내려지는 것도 국교정상화 이후 상당한 기간이 경과한 다음이 될 것이며, 우선 양국의 국민감정을 자극할 우려가 없다는 사실"을 한국 측에 이해시키는 방침이었다.[6]

한편 한국 측은 독도 영유권 문제의 '의제화'를 회피하기 위해서 제3국 조정안을 제시했다. 김종필은 김종필·오히라 회담에서도 국제사법재판소 제소가 "가령 2, 3년 후라고 하더라도 승패가 확연하게 나오게 되는 것이며, 한일 국교상 부적당하기 때문에 오히려 제3국(미국을 염두에 두고 있는 제안)의 조정에 위임하는 것을 희망한다"고 말했다.[7]

그 후 일본 측은 1962년 12월 26일에 열린 예비교섭에서 "국교정상화 후, 예를 들어 1년간 한일 양국이 합의하는 조정기관에 의뢰하고 이에 따라 이 문제가 해결되지 않을 때"에

---

6) 「一一月一二日の大平大臣·金部長第二回会談における大平大臣の発言用紙(案)」(1962年11月6日付, アジア局), 日本外交文書 1826, p.24.

7) 「日韓会談 大平大臣·金情報部長会談(一一月一二日) 概要」(作成年月日·作成者不明記), 日本外交文書 1340, p.2.

국제사법재판소에 제소한다는 제안을 했다. 이때 일본 측은 "조정 기간 중에 양국에서 수락할 수 있는 안을 만들어, 이것을 조정의 결과로 수락한다는 방법 등도 있을 수 있다"고 시사했다.[8] 이러한 제안은 일본 측이 국제사법재판소 제소 전에 일단 독도 영유권 문제를 조정한다는 타협안이었다.

그러나 이 문제는 그 후에도 진전이 없었다. 외무성은 그 이유에 대해서 국제사법재판소에 공산권 판사가 있기 때문에, 북한이 이해관계자로서 판결에 참가하는 것이 용인될 가능성이 있다는 한국 측의 우려를 지적하고 있다. 또한 외무성은 "결국 본건은 한일회담의 최종단계에서 여타 모든 현안을 타결한 후에 교섭 전반의 성패를 이 문제에 걸고, 고도의 정치적 판단에 기반한 해결을 강구하는 것 외에 다른 방법은 없을 것이다. (그때 일본 측은 종래의 국회 답변과의 관계에 비추어 어디까지나 국제사법재판소 제소에 관한 명확한 합의를 조건으로 하느냐 마느냐도 포함하여, 대처 방침에 대해서 신중하게 재검토할 필요하다고 생각된다)"고 말했다.[9] 이와 같이 외무성은 이 문제의 '의제화'를 실현시키기 위해서 국제사법재판소 제소에 관한 명확한 합의를 얻는다는 교섭 방침의 조정을 검토하고 있었다.

---

8) 「日韓予備交渉第二一~二五回会合記録」(1962年12月26日~1963年1月11日付, 北東アジア課), 日本外交文書 652, p.7 및 p.23.

9) 「日韓会談各議題の討議進渉状況」(1963年7月9日付, アジア局), 日本外交文書 1342, pp.36 ~37.

2. 제7차 회담-타결을 향해

제7차 회담이 되자 일본 측의 국제사법재판소 제소라는 제안이 다른 의도를 더 가지게 되었다. 또한 제2장에서 설명한 바와 같이 독도 영유권 문제에 대한 합의를 조약 형식으로 할지, 그 외의 형식으로 할지의 문제도 논의되었다(84쪽 참조). 그리고 교섭 당사자들이 이 문제를 국회에서 어떻게 설명하는가라는 점도 기록을 통해서 살펴볼 수가 있다.

시이나 에쓰사부로 외상의 1965년 2월 방한에 맞춰 외무성이 준비한 자료를 보면 한국 측의 제3국 조정안에 대해서 "일본 측 사정을 최대한 고려한 타협점이라고 말하고 있지만, 제3국의 조정만으로는 강제력이 없으며 한국 측의 독도에 대한 일방적인 점거라는 사태가 무기한 계속될 우려가 크다"고 했다. 이 지적은 한국 측 제안의 노림수를 정확하게 파악하고 있다고 말할 수 있다. 또한 앞에서 지적한 바와 같이 외무성은 한국 측이 국제사법재판소 제소를 거부하고 있는 이유로서 공산권 대표가 재판상의 이해관계자로서 북한의 참가할 권리를 인정할 가능성이 있다는 것을 들고 있다.[10]

또한 제2장에서 살펴본 바와 같이 일본 측은 기본관계 논의에서 독도 영유권 문제를 합의문서에 명기할 것을 목표로 하

---

10) 「日韓首脳間の会談において明らかにすべき日本側の立場(試案)」(1964年12月21日付, 北東アジア課), 日本外交文書 1127, pp.35~36.

고 있었다(90쪽 참조). 이에 관한 자료를 보면 독도 영유권에 대해서 비준 항목이 필요해지는 조약을 맺을 것인지, 이 문제를 조문에 명기할 것인지를 검토하는 외무성의 모습을 확인할 수가 있다[11](필자 주=비준이라는 것은 전권위임이 서명한 조약에 대해 당사국에서 최종적으로 확인·동의하는 절차를 말한다. 일본에서는 내각이 하지만 국회의 승인을 필요로 한다). 공동선언이라면 비준은 필요하지 않지만 조약 형식 등에서 비준 조항을 둔다면 한일 간의 합의내용이 국회에서 승인되어야 한다. 외무성은 독도 영유권 문제가 의제화조차 되지 않고 있는 단계에서 합의내용이나 형식에 따라서 국회의 승인을 얻지 못할 가능성을 고려하고 있었던 것이라고 생각된다.

그런데 제7차 회담에서도 "현안들의 일괄 해결 후 국교정상화를 한다는 원칙을 견지하고 있으며 이 현안들 중에는 독도 문제도 포함해야 한다"면서, 국제사법재판소의 해결이 가장 타당하다는 일본 측의 교섭방침은 이전과 같았다. 하지만 그것이 "하나의 이상적인 해결방식"이자 "이 해결방식을 고집하는 것은 아니라"라고 하는 것도 주목된다.[12]

결국 독도 영유권 문제를 둘러싼 논의는 「분쟁 해결에 관한 교환공문」(자료 편 259쪽 참조)이라는 형태에 도달한다. 조인

---

11) 「日韓基本関係に関する一九六四年一二月一〇日の日本側合意要領案に対する修正案」 (1965年1月7日付, 作成者不明記), 日本外交文書 1851, p.36.

12) 「日韓会談における日本側の立場」(1965年1月8日付, 後宮極量より宇野代議士に手交したもの), 日本外交文書 1787, p.11 및 p.13.

직전인 1965년 6월 11일, 외무성은 우시로쿠 도라오(後宮虎郎) 아시아국장이 에머슨(John K. Emmerson) 주일 미국공사에게 설명한 내용으로, 국제사법재판소 제소를 대신한 중재위원회[13] 설치 방식에 대해 한국, 미국, 영국의 재외고관들에게 다음과 같이 전하고 있다.

> 분쟁 해결에 대해서 일본 측은 ICJ 안에서 나와서 중재 재판에 동의할 용의는 있지만, 실제로 재빠르게 중재위원회의 빠른 준비를 확보할 필요가 있다고 생각하고 있다. 이 점에 대해 양국 정부가 임명하는 각 1인의 자국인 중재위원이 합의하여 제3의 중재위원을 결정한다는 한국 측의 안은 작동하지 않는다. 적어도 제2단계로서 양국 정부가 각각 선정하는 두 개의 정부(개인이 아님)와 양국 정부가 뽑은 제3국의 정부가 임명하는 중재위원을 통해서 국가를 베이스로 하는 중재위원회가 준비되는 방식을 정해 놓을 필요가 있다.[14]

즉 일본 측은 한일 양국이 합의하여 제3국의 중재위원을 정하는 방법이 아닌 한일 양국 각자가 뽑은 제3국 정부가 각각의 제3의 중재위원을 선정하는 방식을 제안한 것이다. 일본 측은 한국 측의 제안으로는 중재위원회가 기능하지 않는다고 생각했다.

---

13) 예를 들어 한일 청구권 협정 제3조 제1항에는 "본 협정의 해석 및 실시에 관한 양 체약국 간의 분쟁은 우선 외교상의 경로를 통하여 해결한다"고 되어 있으며, 제2항에 이에 따라 해결할 수 없는 경우는 중재위원회를 설치하기로 정해져 있다.

14) 「日韓漁業交渉の現況の米側への通報(通報)」(1965年6月11日付, 椎名大臣送信, 武内駐米大使ら受信), 日本外交文書 1877, p.144.

일본 측은 이와 같이 국제사법재판소를 통한 독도 영유권 문제 해결을 기본방침으로 하면서, 의제화 자체를 거부하는 한국 측을 설득하기 위한 대응을 모색하고 있었다. 결국 이러한 구상이 조문화되지는 않았지만, 이 문제 해결에 관한 일본정부의 교섭 폭을 알 수가 있는 사례일 것이다.

또한 이 시기 일본정부는 한국정부가 국제사법재판소 제소에 응하지 않는 이유에 대해 다시 추측하고 있었다. 그 내용을 정리하면 다음과 같다. 첫째, 한국의 재판관 부재, 둘째, 공산권 재판관 존재, 셋째, 일본 측은 우수한 변호사에게 고액의 보수 지불, 넷째, 일본 측은 증거서류작성 능력이 뛰어남, 다섯째, "소련 등 공산주의국가는 독도 문제의 당사국으로서 북한도 추가하는 것 내지 당사국은 한국이 아니라 북한이라고 주장할 가능성이 있다"는 것이었다.[15]

이 중 특히 세 번째와 네 번째와 같이 여전히 일본정부가 한국정부의 외교 수완을 과소평가하고 있었다는 것은 다시 지적할 만하다. 또한 다섯 번째 추측이 맞는다고 한다면 독도 영유권 문제는 한일 관계뿐만이 아니라, 북한과 소련 등의 공산주의 국가와의 관계에서도 검증이 필요한 주제라고 말할 수 있다.

---

15) 「竹島問題の国際司法裁判所付託と韓国の立場」(1965年5月13日付, 北東アジア課), 日本外交文書 910, pp.196~198.

3. 독도 영유권으로 본 '1965년 체제'

이상과 같은 경위를 통해 한일 양국은 한일기본조약과 함께 체결된 「분쟁 해결에 관한 교환공문」에서 다음과 같은 문언에 합의했다.

> 양국 정부는 별도의 합의가 있는 경우를 제외하고는 양국 간 분쟁은 우선 외교상의 경로를 통해 해결하는 것으로 하고, 이에 의하여 해결할 수가 없을 경우에는 양국 정부가 합의하는 절차에 따라 조정에 의하여 해결을 도모한다.

그러나 이 "분쟁"에 독도 영유권 문제가 포함되는가에 대해서 일본 측은 포함된다는 입장이며, 한국 측은 포함되지 않는다는 입장이다. 단 이 해결의 차이에 대해 오히려 한일 양국에서 어떠한 양해가 있었다고 해야 할 것이다. 즉 "독도 문제는 해결하지 않는 것으로 해결했다고 간주한다. 따라서 조약에서는 다루지 않는다", "양국 모두 자국의 영토로 주장한다는 것을 인정하고, 동시에 이에 반론하는 것에 이론은 없다"16)는 것이다.

1965년 9월 26일, 사토 에이사쿠 총리는 가나자와(金沢)에서 기자회견을 하면서 독도 문제에 대해 "한일 양국의 의견이 일치하지 않은 채 앞으로 평화적으로 논의하는 방향으로 합의

---

16) ロー・ダニエル, 『竹島密約』 草思社, 2008年, p.208.

되어 있다"[17]고 발언했다. 이와 관련하여 이동원 외무장관은 한국을 방문한 일본의 민사당(民社黨) 의원단에게 "사토 총리 이하, 일본 측이 국내용으로 그러한 말을 하더라도 한국 측은 상관없다"고 말했다. 장기영 경제기획청 장관도 "한국 측은 이 문제에 관한 일본 측의 발언 내지 국회 답변에 대해서 일일이 '그것은 부당하다'와 같이 반박을 가할 생각은 없다"고 말했다. 단 문덕주 외무차관은 "만일 일본 측이 독도 문제에 대해서 직접 교환공문과 관련한 말을 한다면, 한국 측으로서는 반박하지 않을 수 없다"고 못을 박았다.[18] 이것을 '독도 밀약'이라고 단언할 수 없다고 하더라도 한일 양국이 국교정상화를 계기로 이 문제를 무마하기 위해 노력했다고 말할 수는 있을 것이다.

---

17) 「金沢で『一日内閣』首相ら閣僚九人が出席」, 『朝日新聞』, 1965年9月27日付.

18) 「日韓条約解釈の相違点に関する韓国側の説明について」(1965年10月4日付, 在ソウル前田記), 日本外交文書 1237, pp.3~8.

맺음말

이상과 같이 한일 양국은 독도 영유권을 둘러싼 논의 결과, 일단 이 문제를 무마하기 위해 노력해 왔다. 그 후 50년이 지난 현재, 한일 양국은 홈페이지, 비디오, 팸플릿, 소책자 등 다양한 매체를 통해서 이 섬을 자국의 '고유 영토'라고 선전하고 있다. 이 문제를 다시 무마시킬 수 있을 것인가. 할 수 없다고 한다면 어떻게 '해결'할 수 있는 길을 만들 수 있을 것인가.

가장 원만한 해결책은 외교 교섭을 통해서 합의하는 것이라고 생각한다. 한일회담에서 국제사법재판소에 제소하는 안, 제3국이 중재하는 안이 주로 논의되었는데, 독도 및 그 주변의 해양자원을 평화적으로 이용하는 관점에서 보다 유연한 사고가 필요할지도 모른다.

그리고 북한정부도 노동신문 논설을 통해 "독도는 력사가 증명하고 세계가 공인하는 우리 민족의 불가분리의 신성한 령토이다"라고 주장하고 있다.[19) 이것은 현재 자국의 영토라기보다도 통일을 전제로 한 영유권 주장이라고 생각된다.

또한 제6장 첫머리에서 설명한 바와 같이 현재까지 공개되고 있는 정보는 일본정부의 독도 영유권 주장이 불리해지지 않는다고 판단되는 것들이다. 그렇다면 지금도 비공개로 되어 있는 부분은 어떠한 것일까. 현재 일본정부의 주장이 불리해지

---

19) 박송영, 「독도는 영원히 우리의 땅이다」, 『로동 신문』, 2015년 2월 21일.

는 내용이 기술된 문헌과 자료는 존재하는 것일까.

예를 들어 대일강화조약과 독도와 관련한 정보는 현재까지 공개되어 있지 않으며 새로운 정보가 포함되어 있을 가능성이 있다. 현재 일본정부는 대일강화조약 제2조에서 일본이 포기해야 하는 지역으로서 열거하고 있는 "제주도, 거문도 및 울릉도를 포함한 조선"에 독도가 "의도적으로 제외되었다"고 하면서, 동 조약에 따라 "독도는 일본의 영토임이 확인되었다"고 설명하고 있다.[20] 그런데 일본정부가 현재 공개하고 있는 한일회담 관련 외교자료 중, 대일강화조약 제2조에 대해서 비공개로 되어 있는 부분이 눈에 띈다.

예를 들어 1954년 10월 1일 자 전신에서 미국무성의 대일강화조약 제2조 해석에 관한 비공식 견해는 "국무성 법률전문가 중 일부는 평화조약에서 독도의 지위에 대해 명기하지 않고 있기 때문에 1905년 한일병합 당시의 상태에 따라 귀속 결정을 해야 한다는 견해도 있지다. 하지만 조약 기안 관계자를 포함한 대부분의 관계자들은 평화조약이 카이로 선언의 원칙에 기반하여 기안되었고 일본에서 분리해야 할 섬들을 명기한 것이며, 조약 해결론으로서 이 섬은 일본으로 귀속해야 한다는 견해를 가지고 있다"고 했다. 하지만 이 내용에서 이어지는 약 1쪽 가량의 기술 전체가 비공개 상태이다.[21]

---

20) 外務省, 『竹島 法と対話による解決を目指して』, 2014年, p.2.

21) 「竹島の領土権に関する平和条約第二条の解釈に関する件」(1954年10月1日付, 井口大使送信, 岡崎大臣受信), 日本外交文書 1675, pp.105~106 등.

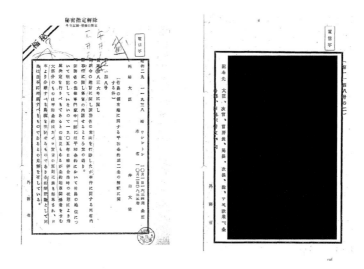

「독도 영유권에 관한 평화조약 제2조의 해석에 관한 건」(일본외교문서 1675 pp.105
~106) 주21의 자료이다.

　대일강화조약 제2조에 대한 일본정부의 주장이 옳다고 한다
면 이 조문의 해석에 대한 정보가 모두 공개되어도 좋을 것이
다. 미공개 정보 모두를 공개한 후에 영유권 문제에 대해서 진
지하게 논의하는 것이 '해결'을 향한 빠른 길일 것이다.

　어쨌든 이 문제의 '해결'은 한일(그리고 북일) 간의 신뢰 양
성으로 연결되어야 한다. 불과 약 0.21km²의 작은 섬들에 대
해 다투면서 일본과 남북한에 사는 약 2억 명의 사람들이 서
로 반목하는 것만큼 무익한 일은 없을 것이다.

자료 편

한일회담의 개요

회담 및 기간	대표·의제·회담 내용	관련 사항
<1차 회담> 예비회담 1951년 10월 20일 ~ 11월 28일	[일본 측 대표] 首席代表: 井口貞夫(外務事務次官) 代表: 千葉皓(外務事務官) 田中三男(入國管理廳実施部長) 平賀健太(法務省民事局主管) 後宮虎郎日史(外務省管理局総務課長) 佐藤日史(外務省条約局法規課長) [의제] '재일한국인' 국적처우문제, 선박문제 [회담 내용] 일본 측이 준비 부족을 이유로 어업 문제 토의에 응하지 않음, 본 회담의 의제로 채택.	[1945년] 8월 15일 - 일본 패전, 조선 해방 [1948년] 8월 15일 - 대한민국정부 수립 9월 9일 - 북한정부 수립 [1950년] 6월 25일 - 한국전쟁 발발 [1951년] 9월 8일 - 대일강화조약, 미일안전보장조약 조인
본회담 1952년 2월 15일 ~ 4월 24일	[한국 측 대표] 수석대표: 양유찬(주미대사) 교체수석대표: 신성모(주일대표) 대표: 갈홍기(주일대표부 참사관) 유진오(고려대학교 교수) 임송본(식산은행총재) 홍진기(법무부 법무국장) [의제] '재일한국인' 국적처우문제, 선박문제, 기본관계문제, 청구권문제 [회담 내용] 일본 측이 재조일본인 재산 관련 청구권을 주장하여 회담이 결렬되었고, 다른 현안도 진전이 없었음.	[1952년] 1월 18일 - 한국정부, 해양주권선언 발표(이승만 라인 설정) 4월 28일 - 대일강화조약, 미일안전보장조약 발효

회담 및 기간	대표 · 의제 · 회담 내용		관련 사항
<2차 회담> 1953년 4월 15일 ~ 7월 23일	[일본 측 대표] 首席(代表): 久保田貫一郞(外務省參與) 代表: 鈴木政勝(外務省參事官) 鶴岡千仞(法務省入国管理局次長) 石田正(大蔵省理財局長) 岡井正男(水産庁次長) 国安誠一(通輸省海通調整部長) ※ 일본 측은 「한일회담 재개를 위한 예비교섭」으로 임했기 때문에 '수석대표', '대표' 등의 직함이 없었음.	[한국 측 대표] 수석대표: 김용식(주일공사) 대표: 유태하(주일대표부 참사관) 최규하(주일 총영사) 임송본(외교위원회위원, 식산은행총재) 장기영(외교위원회위원, 한국은행부총재) 장경근(외교위원회위원, 국회의원) 홍진기(법무부 법무국장) 지철근(상공부 수산국장)	[1953년 7월 27일 - 한국전쟁 휴전협정 조인
	[의제] '재일한국인' 법적지위문제, 선박문제, 기본관계문제, 청구권문제, 어업문제 [회담 내용] 법적지위 문제에서 국적확인문제와 관련한 약간의 토의와 진전이 있었음. 어업문제는 주로 어업자원 관련 토의가 이루어짐. 한국전쟁 휴전과 제네바회의 개최가 결정되어, 일본 측이 휴회를 제의함.		

회담 및 기간	대표·의제·회담 내용		관련 사항
<3차 회담> 1953년 10월 6일 ~ 10월 21일	[일본 측 대표] 首席代表：久保田貫一郎(外務省 參与) 代表：鈴木政勝(外務省參事官) 鶴岡千仞(法務省入國管理局次長) 下田武三(外務省條約局長) 清井正(農林省水産庁長官)	[한국 측 대표] 수석대표: 김용식(주일공사) 대표: 유태하(주일대표부 참사관) 최규하(주일 총영사) 임송본(외교위원회위원, 식산은행총재) 장경근(외교위원회위원, 국회의원) 홍진기(법무부 법무국장) 이상덕(한국은행 외국부장)	
	[의제] '재일한국인' 법적지위문제, 기본관계문제, 청구권문제, 어업문제 [회담 내용] 이승만 라인의 합법성을 둘러싸고 논쟁함. 일본 측은 마지막까지 제조 일본인 재산 관련 청구권 주장. 구보타 발언으로 인해 회담 결렬.		

회담 및 기간	대표·의제·회담 내용		관련 사항
<4차 회담> 전반기 1958년 4월 15일 ~ 8월 11일	[일본 측 대표] 首席代表 : 澤田廉三(元外務省顧問·国連大使) 代表 : 井上孝治朗(特命全権大使) 平賀健太(法務省民事局心得) 伊関祐次郎(外務省移住局長) 正示啓次郎(大蔵省理財局長) 大隈渉(外務省審議官) 坂垣修(外務省アジア局長) 高野藤吉(外務省参事官) 西村健次郎(農林省水産庁次長) 栗沢一男(通輸省海運局長)	[한국 측 대표] 수석대표 : 임병직(유엔대사) 대표 : 김용식(주일대사) 유태하(주일공사) 이호(전 법무부 장관) 최규하(주일대표부 참사관) 장경근(국회의원)	[1957년] 12월 31일 - 한일회담 재개를 위한 한일공동선언 조인 [1958년] 9월 8일 - 김일성 수상, 재일조선인 귀국을 환영한다고 발언
후반기 1959년 8월 12일 ~ 1960년 4월 19일	[일본 측 대표] 首席代表 : 沢田廉三(元国連大使) 代表 : 伊関祐次郎(外務省アジア局長) 平賀健太(法務省民事局長) 高瀬侍朗(法務省入国管理局長) 大隈渉(外務省審議官) 三宅喜二郎(大蔵省理財局長) 西原直廉(大蔵省理財局長) 高橋泰彦(農林省水産庁次長) 朝田静男(通輸省海運局長)	[한국 측 대표] 수석대표 : 허정(전 국무총리 서리) 차석대표 : 유태하(주일대사) 대표 : 유진오(고려대학교 총장) 장경근(국회의원) 이호(전 법무부 장관) 이재항(주일대표부 참사관) 진필식(주일대표부 참사관) 이상덕(한국은행 사무부장) 유창순(한국은행 외국부장) 홍승엽(문교부 축덕) 지철근(상공부 수산국장)	[1959년] 2월 13일 - 일본정부, 귀국 사업 관련 각의 결정 8월 13일 - 제일조선인 귀환협정 조인 12월 14일 - 첫 번째 귀국선, 니가타항에서 출항 [1960년] 4월 19일 - 한국에서 학생과 시민들의 반정부 데모에 대해 경찰이 발포하여, 183명 사망.

회담 및 기간	대표·의제·회담 내용	관련 사항
	[의제] '재일한국인' 법적지위문제, 기본관계문제, 청구권문제, 어업문제, 문화재문제, 선박문제 **[회담 내용]** 1957년 12월의 한일공동선언에 따라 일본 측은 제3조일본인 청구권 철회와 구보타 발언을 취소함. 문화재의 일부가 인도되었고, '억류자'의 상호석방이 결정됨. 재일조선인 귀국사업으로 인해 회담이 자주 중단되다가 4·19 혁명으로 완전히 중단됨.	
<5차 회담> 1960년 10월 25일 ~ 1961년 5월 15일	**[일본 측 대표]** 首席代表: 沢田廉三(元国連大使) 代表: 平賀健太(法務省民事局長) 高瀬侍朗(外務省入国管理局長) (伊関祐次郎(外務省アジア局長) 中川融(外務省条約局長) 宇山厚(外務省参事官) 卜部敏(外務省参事官) 西原直廉(大蔵省管理財局長) 高橋泰彦(農林省水産庁次長) 朝田静男(運輸省海運局長) **[한국 측 대표]** 수석대표: 유진오(고려대학교 총장) 차석대표: 엄요섭(주일대표부공사) 대표: 유창순(한국은행 부총재) 김2선(변호사) 이천상(변호사) 윤석헌(외무부 정무국장) 진필식(주일대표부 참사관) 문덕주(주일대표부 참사관) 이상덕(한국은행 국고부장) 지철근(전 해무청 수산국장)	**[1960년]** 6월 23일 - 신미일안전보장조약 발표, 기시 노부스케 수상으로 퇴진 표명 9월 6일 - 정일영·고사카 겐타로 외상회담 **[1961년]** 5월 16일 - 한국에서 군사쿠데타 발생

회담 및 기간	대표 · 의제 · 회담 내용	관련 사항
	[의제] ·재일한국인, 법적지위문제, 청구권문제, 어업문제, 선박문제, 문화재문제 [회담 내용] 한국 측이 제시한 「한일 간 재산 및 청구권 협정 요강」(대일청구 8항목)에 대해 항목별로 토의함. 어업문제에서 어업자원 관련 토의가 이루어짐. 1961년 5월에 한국에서 군사쿠데타가 발생하여 회담이 중단됨.	
<6차 회담> 1961년 10월 20일 ~ 1964년 6월 3일	[일본 측 대표] 首席代表 : 杉道助日本貿易振興会理事長) 代表 : 平賀健太(法務省民事局会理事長) 高瀬侍郎(法務省入国管理局長) 伊関祐二郎(外務省アジア局長, 伊関祐) 後宮虎郎(外務省アジア局長, 関 후임) 中川融(外務省条約局長) 宇山厚(外務省参事官) 卜部敏(外務省参事官) 宮川新一郎(大蔵省理財局長) 村田豊三(農林省水産庁次長) 汁章男(運輸省海運局長) [한국 측 대표] 수석대표 : 배의환(전 한국은행 총재) 차석대표 : 이동환(주일공사) 고문 : 이한기(국가재건최고회의 의장 고문) 대표 : 김재원(국립박물관장) 이동식(문교부 문화재보호위원회 위원, 고려대학교 교수) 황수영(문교부 문화재보호위원회 위원, 동국대학교 교수) 지철근(대한수산중앙회 고문) 고범준(대한국은행 부총재) 이상덕(한국은행 참사)	[1961년] 11월 12일 - 박정희·이케다 하야토 정상회담 [1962년] 3월 12~17일 - 최덕신·고사카 젠타로 외상회담 10월 20일, 11월 12일 - 김종필·오히라 마사요시 회담 [1963년] 7월 26일, 30일 - 김용식·오히라 마사요시 외상회담 [1964년] 3월 10일, 11일 - 원용석·아카기 무네노리 농상회담

224

회담 및 기간	대표·의제·회담 내용	관련 사항
<6차 회담> 1961년 10월 20일 ~ 1964년 6월 3일	홍승희(산업은행 이사) 김윤근(변호사) 이천상(변호사) 김태섬(변호사) 정일영(외무부 장관 고문위원) 전상진(외무부 정무국장) 이구성(외무부 통상국장) 최영택(주일대표부 참사관) 문철순(주일대표부 참사관) 박동섭(재무부 이재국장) 김명년(농림부 수산국장) 윤기선(교통부 해운국장) 문인권(서울지방검찰청 부장검사)	6월 3일 - 한국에서 계엄령 발령
	[의제] '재일한국인' 법적지위문제, 기본관계문제, 청구권문제, 어업문제, 선박문제, 문화재문제 [회담 내용] 제5차 회담에 이어서 한국 측의 청구권에 대해 항목별 토의. 그 후 예비절충을 거쳐 김종필·오히라 합의에 따라 청구권문제를 원칙적으로 타결. 어업문제의 초점인 전관수역에 대해 일본 측이 12해리, 한국 측이 40해리 주장.	

225

회담 및 기간	대표·의제·회담 내용	관련 사항
<가> 회담 1964년 12월 3일 ~ 1965년 6월 22일	[일본 측 대표] 首席代表: 杉道助 日本貿易振興 会理事長 高杉晉一(三菱電機相談役, 杉 후 인) 代表: 平賀健太(法務省民事局長) 八木正男(法務省入国管理局長) 後宮信朗(外務省アジア局長) 西山昭(外務省経済協力局長) 藤崎万里(外務省条約局長) 針谷正(外務省文化事業部長) 広瀬達夫(外務省参事官) 吉岡英一(大蔵省理財局長) 宮地茂(文化財保護委員会事務 局長) 和田正明(農林省水産庁次長) [한국 측 대표] 수석대표. 김동조(주일대사) 대표: 방희(주일대표부 공사) 문용순(외무부 기획관리실장) 연하구(외무부 아주국장) 이규성(주일대표부 참사관) 이동호(농림부 수산국장) 김명년(농림부 국립수산진흥원 원장) [의제] '재일한국인' 법적지위문제, 기본관계문제, 청구권문제, 어업문제, 선박문제, 문화재문제 [회담 내용] 1965년 2월, 서울에서 한일기본조약 가조인. 4월, 청구권, 어업, 재일한국인 법적지위문제 합의내용 가조인. 6월에 도쿄에서 한일기본조약 및 부속협정 조인. 12월 서울에서 비준서 교환	[1965년] 2월 20일 - 한일기본조약 가조인 4월 3일 - 한일 양국, 세 가지 현안에 대한 합의이 용 가조인 6월 22일 - 한일기본조약 및 부속협정 조인 8월 14일 - 한국국회, 한일기본조약 및 부속협정 비 준 12월 11일 - 일본국회, 네 차례의 강행 체결 끝에 한 일기본조약 및 부속협정 비준

※ 다음의 문헌을 참조하여 작성했다.

· 外務省外交資料館日本外交史辞典編集委員会,『新版 日本外交史辞典』山川出版社, 1992年

· 森田芳夫,『日韓関係』(吉沢清次郎編,『日本外交史(第28巻 講和後の外交Ⅰ 対列国関係 [上])』) 鹿島研究所出版会, 1973年

· 대한민국정부,『한일회담백서』, 1965년 3월

· 김동조,『회상 30년 한일회담』중앙일보사, 1986년

한일기본조약(대한민국과 일본국 간의 기본관계에 관한 조약)

대한민국과 일본국은,

양국 국민관계의 역사적 배경과, 선린관계와 주권상호존중의 원칙에 입각한 양국 관계의 정상화에 대한 상호 희망을 고려하며, 양국의 상호 복지와 공통 이익을 증진하고 국제평화와 안전을 유지하는 데 있어서 양국이 국제연합 헌장의 원칙에 합당하게 긴밀히 협력함이 중요하다는 것을 인정하며, 또한 1951.9.8 샌프란시스코시에서 서명된 일본국과의 평화조약의 관계규정과 1948.12.12 국제연합 총회에서 채택된 결의 제195호(III)을 상기하며,

본 기본관계에 관한 조약을 체결하기로 결정하여, 이에 다음과 같이 양국 간의 전권위원을 임명하였다.

대한민국
대한민국 외무부장관 이동원
대한민국 특명전권대사 김동조

일본국
일본국 외무대신 시이나 에쓰사부로

다카스기 신이치

이들 전권위원은 그들의 전권위임장을 상호 제시하고 그것이 상호 타당하다고 인정한 후 다음의 제 조항에 합의하였다.

제1조

양 체약 당사국 간에 외교 및 영사관계를 수립한다. 양 체약 당사국은 대사급 외교사절을 지체 없이 교환한다. 양 체약 당사국은 또한 양국 정부에 의하여 합의되는 장소에 영사관을 설치한다.

제2조

1910년 8월 22일 및 그 이전에 대한제국과 대일본제국 간에 체결된 모든 조약 및 협정이 이미 무효임을 확인한다.

제3조

대한민국 정부가 국제연합 총회의 결정 제195호(Ⅲ)에 명시된 바와 같이 한반도에 있어서의 유일한 합법정부임을 확인한다.

제4조

(가) 양 체약 당사국은 양국 상호 간의 관계에 있어서 국제연합 헌장의 원칙을 지침으로 한다.

(나) 양 체약 당사국은 양국의 상호의 복지와 공통의 이익을 증진함에 있어서 국제연합 헌장의 원칙에 합당하게 협력한다.

제5조

양 체약 당사국은 양국의 무역, 해운 및 기타 통상상의 관계를 안정되고 우호적인 기초 위에 두기 위하여 조약 또는 협정을 체결하기 위한 교섭을 실행 가능한 한 조속히 시작한다.

제6조

양 체약 당사국은 민간항공 운수에 관한 협정을 체결하기 위하여 실행 가능한 한 조속히 교섭을 시작한다.

제7조

본 조약은 비준되어야 한다. 비준서는 가능한 한 조속히 서울에서 교환한다.

본 조약은 비준서가 교환된 날로부터 효력을 발생한다.

이상의 증거로서 각 전권위원은 본 조약에 서명 날인한다.

1965년 6월 22일 동경에서 동등히 정본인 한국어, 일본어 및 영어로 2통을 작성하였다. 해석에 상위가 있을 경우에는 영어본에 따른다.

대한민국을 위하여
이동원
김동조

일본국을 위하여
시이나 에쓰사부로
다카스기 신이치

한일 청구권 협정(대한민국과 일본국 간의 재산 및 청구권에 관한 문제의 해결과 경제협력에 관한 협정)

대한민국과 일본국은, 양국 및 양국 국민의 재산과 양국 및 양국 국민 간의 청구권에 관한 문제를 해결할 것을 희망하고, 양국 간의 경제협력을 증진할 것을 희망하여, 다음과 같이 합의하였다.

제1조

1. 일본국은 대한민국에 대하여

(a) 현재에 있어서 1천8십억 일본 원(108,000,000,000원)으로 환산되는 3억 아메리카합중국 불($ 300,000,000)과 동등한 일본 원의 가치를 가지는 일본국의 생산물 및 일본인의 용역을 본 협정의 효력발생일로부터 10년 기간에 걸쳐 무상으로 제공한다. 매년의 생산물 및 용역의 제공은 현재에 있어서 1백8억 일본 원(10,800,000,000원)으로 환산되는 3천만 아메리카합중국 불($ 30,000,000)과 동등한 일본 원의 액수를 한도로 하고 매년의 제공이 본 액수에 미달되었을 때에는 그 잔액은 차년 이후의 제공액에 가산된다. 단, 매년의 제공 한도액은 양 체약국 정부의 합의에 의하여 증액될 수 있다.

(b) 현재에 있어서 7백20억 일본 원(72,000,000,000원)으로 환산되는 2억 아메리카합중국 불($ 200,000,000)과 동등한 일본 엔의 액수에 달하기까지의 장기 저리의 차관으로서, 대한민국 정부가 요청하고 또한 3의 규정에 근거하여 체결될 약정에 의하여 결정되는 사업의 실시에 필요한 일본국의 생산물 및 일본인의 용역을 대한민국이 조달하는 데 있어 충당될 차관을 본 협정의 효력 발생일로부터 10년 기간에 걸쳐 행한다. 본 차관은 일본국의 해외경제협력기금에 의하여 행하여지는 것으로 하고, 일본국 정부는 동 기금이 본 차관을 매년 균등하게 이행할 수 있는 데 필요한 자금을 확보할 수 있도록 필요한 조치를 취한다.

전기 제공 및 차관은 대한민국의 경제발전에 유익한 것이 아니면 아니 된다.

2. 양 체약국 정부는 본 조의 규정의 실시에 관한 사항에 대하여 권고를 행할 권한을 가지는 양 정부 간의 협의기관으로서 양 정부의 대표자로 구성될 합동위원회를 설치한다.

3. 양 체약국 정부는 본 조의 규정의 실시를 위하여 필요한 약정을 체결한다.

제2조

1. 양 체약국은 양 체약국 및 그 국민(법인을 포함함)의 재산, 권리 및 이익과 양 체약국 및 그 국민 간의 청구권에 관한 문제가 1951년 9월 8일에 샌프란시스코시에서 서명된 일본국과의 평화조약 제4조 (a)에 규정된 것을 포함하여 완전히 그리고 최종적으로 해결된 것이 된다는 것을 확인한다.

2. 본 조의 규정은 다음의 것(본 협정의 서명일까지 각기 체약국이 취한 특별조치의 대상이 된 것을 제외한다)에 영향을 미치는 것이 아니다.

(a) 일방체약국의 국민으로서 1947년 8월 15일부터 본 협정의 서명일까지 사이에 타방체약국에 거주한 일이 있는 사람의 재산, 권리 및 이익

(b) 일방체약국 및 그 국민의 재산, 권리 및 이익으로서 1945년 8월 15일 이후에 있어서의 통상의 접촉의 과정에 있어 취득되었고 또는 타방체약국의 관할하에 들어오게 된 것

3. 2의 규정에 따르는 것을 조건으로 하여 일방체약국 및 그 국민의 재산, 권리 및 이익으로서 본 협정의 서명일에 타방체약국의 관할하에 있는 것에 대한 조치와 일방체약국 및 그 국

민의 타방체약국 및 그 국민에 대한 모든 청구권으로서 동 일
자 이전에 발생한 사유에 기인하는 것에 관하여는 어떠한 주
장도 할 수 없는 것으로 한다.

제3조

1. 본 협정의 해석 및 실시에 관한 양 체약국 간의 분쟁은
우선 외교상의 경로를 통하여 해결한다.

2. 1의 규정에 의하여 해결할 수 없었던 분쟁은 어느 일방체
약국의 정부가 타방체약국의 정부로부터 분쟁의 중재를 요청
하는 공한을 접수한 날로부터 30일의 기간 내에 각 체약국 정
부가 임명하는 1인의 중재위원과 이와 같이 선정된 2인의 중
재위원이 당해 기간 후의 30일의 기간 내에 합의하는 제3의
중재위원 또는 당해 기간 내에 이들 2인의 중재위원이 합의하
는 제3국의 정부가 지명하는 제3의 중재위원과의 3인의 중재
위원으로 구성되는 중재위원회에 결정을 위하여 회부한다. 단,
제3의 중재위원은 양 체약국 중의 어느 편의 국민이어서는 아
니 된다.

3. 어느 일방체약국의 정부가 당해 기간 내에 중재위원을 임
명하지 아니하였을 때, 또는 제3의 중재위원 또는 제3국에 대
하여 당해 기간 내에 합의하지 못하였을 때에는 중재위원회는

양 체약국 정부가 각각 30일의 기간 내에 선정하는 국가의 정부가 지명하는 각 1인의 중재위원과 이들 정부가 협의에 의하여 결정하는 제3국의 정부가 지명하는 제3의 중재위원으로 구성한다.

4. 양 체약국 정부는 본 조의 규정에 의거한 중재위원회의 결정에 복한다.

제4조

본 협정은 비준되어야 한다. 비준서는 가능한 한 조속히 서울에서 교환한다. 본 협정은 비준서가 교환된 날로부터 효력을 발생한다.

이상의 증거로서, 하기 대표는 각자의 정부로부터 정당한 위임을 받아 본 협정에 서명하였다.

1965년 6월 22일 도쿄에서 동등히 정본인 한국어 및 일본어로 본서 2통을 작성하였다.

대한민국을 위하여
이동원
김동조

일본국을 위하여
시이나 에쓰사부로
다카스기 신이치

대한민국과 일본국 간의 재산 및 청구권에 관한 문제의 해결과 경제협력에 관한 협정에 대한 합의의사록(Ⅰ) 중 청구권 협정 제2조에 관한 내용

2. 협정 제2조에 관하여

(a) "재산, 권리 및 이익"이라 함은 법률상의 근거에 의거하여 재산적 가치가 인정되는 모든 종류의 실체적 권리를 말하는 것으로 양해되었다.

(b) "특별조치"라 함은 일본국에 관하여는, 제2차 세계대전 전투상태의 종결의 결과로 발생한 사태에 대처하여 1945년 8월 15일 이후 일본국에서 취해진 전후 처리를 위한 모든 조치(1951년 9월 8일에 샌프란시스코시에서 서명된 일본국과의 평화조약 제4조(a)의 규정에 의거하는 특별 약정을 고려하여 취해진 조치를 포함함)를 말하는 것으로 양해되었다.

(c) "거주한"이라 함은 동조2(a)에 기재한 기간 내의 어떠한 시점까지든 그 국가에 계속하여 1년 이상 거주한 것을 말하는 것으로 양해되었다.

(d) "통상의 접촉"에는 제2차 세계대전의 전투상태의 종결

의 결과, 일방국의 국민으로서 타방국으로부터 귀환한 자(지점 폐쇄를 행한 법인을 포함함)의 귀환 시까지의 사이에, 타방국의 국민과의 거래 등, 종전 후에 발생한 특수한 상태하에서의 접촉이 포함되지 않는 것으로 양해되었다.

(e) 동조 3에 의하여 취하여질 "조치"는 동조 1에서 말하는 양국 및 그 국민의 재산, 권리 및 이익과 양국 및 그 국민 간의 청구권에 관한 문제를 해결하기 위하여 취하여질 각국의 국내조치를 말하는 것으로 의견의 일치를 보았다.

(f) 한국 측 대표는 제2차 세계대전의 전투상태의 종결 후 1947년 8월 15일 전에 귀국한 대한민국 국민이 일본국 내에 소유하는 부동산에 대하여 신중한 고려가 베풀어질 수 있도록 희망을 표명하고, 일본 측 대표는 이에 대하여 신중히 검토한다는 취지의 답변을 하였다.

(g) 동조 1에서 말하는 완전히 그리고 최종적으로 해결된 것으로 되는 양국 및 그 국민의 재산, 권리 및 이익과 양국 및 그 국민 간의 청구권에 관한 문제에는 한일회담에서 한국 측으로부터 제출된 "한국의 대일청구요강"(소위 8개 항목)의 범위에 속하는 모든 청구가 포함되어 있고, 따라서 동 대일청구요강에 관하여는 어떠한 주장도 할 수 없게 됨을 확인하였다.

(h) 동조 1에서 말하는 완전히 그리고 최종적으로 해결된 것으로 되는 양국 및 그 국민의 재산, 권리 및 이익과 양국 및 그 국민 간의 청구권에 관한 문제에는 본 협정의 서명일까지에 대한민국에 의한 일본 어선의 나포로부터 발생한 모든 청구권이 포함되어 있고, 따라서 그러한 모든 청구권은 대한민국 정부에 대하여 주장할 수 없게 됨을 확인하였다.

재일한국인 법적지위협정(대한민국과 일본국 간의 일본에 거주하는 대한민국 국민의 법적지위와 대우에 관한 협정)

대한민국과 일본국은, 다년간 일본국에 거주하고 있는 대한민국 국민이 일본국의 사회와 특별한 관계를 가지게 되었음을 고려하고, 이들 대한민국 국민이 일본국의 사회질서하에서 안정된 생활을 영위할 수 있게 하는 것이 양국 간 및 국민 간의 우호관계 증진에 기여함을 인정하여, 다음과 같이 합의하였다.

제1조

1. 일본국 정부는 다음의 어느 하나에 해당하는 대한민국 국민이 본 협정의 실시를 위하여 일본국 정부가 정하는 절차에 따라 본 협정의 효력발생일로부터 5년 이내에 영주 허가의 신청을 하였을 때에는 일본국에서의 영주를 허가한다.

(a) 1954년 8월 15일 이전부터 신청 시까지 계속하여 일본국에 거주하고 있는 자

(b) (a)에 해당하는 자의 직계 비속으로서 1945년 8월 16일 이후 본 협정의 효력 발생일부터 5년 이내에 일본국에서 출생

하고, 그 후 신청 시까지 계속하여 일본국에 거주하고 있는 자

2. 일본국 정부는 1의 규정에 의거하여 일본국에서의 영주가 허가되어 있는 자의 자녀로서 본 협정의 효력발생일로부터 5년이 경과한 후에 일본국에서 출생한 대한민국 국민이 본 협정의 실시를 위하여 일본국 정부가 정하는 절차에 따라 그의 출생일로부터 60일 이내에 영주 허가의 신청을 하였을 때에는 일본국에서의 영주를 허가한다.

3.1 (b)에 해당하는 자로서 본 협정의 효력발생일로부터 4년 10개월이 경과한 후에 출생하는 자의 영주 허가의 신청기한은 1의 규정에 불구하고 그의 출생일로부터 60일 이내로 한다.

4. 전기의 신청 및 허가에 대하여는 수수료는 징수되지 아니한다.

제2조

1. 일본국 정부는 제1조의 규정에 의거하여 일본국에서의 영주가 허가되어 있는 자의 직계 비속으로서 일본국에서 출생한 대한민국 국민의 일본국에서의 거주에 관하여는 대한민국 정부의 요청이 있으면, 본 협정의 효력발생일로부터 25년이 경과할 때까지는 협의를 행함에 동의한다.

2. 1의 협의에 있어서는 본 협정의 기초가 되고 있는 정신과 목적을 존중한다.

제3조

제1조의 규정에 의거하여 일본국에서의 영주가 허가되어 있는 대한민국 국민은 본 협정의 효력발생일 이후의 행위에 의하여 다음의 어느 하나에 해당하는 경우를 제외하고는 일본국으로부터의 퇴거를 강제당하지 아니한다.

(a) 일본국에서 내란에 관한 죄 또는 외환에 관한 죄로 인하여 금고 이상의 형에 처하여진 자(집행유예의 언도를 받은 자 및 내란에 부화 수행한 것으로 인하여 형에 처하여진 자를 제외한다)

(b) 일본국에서 국교에 관한 죄로 인하여 금고 이상의 형에 처하여진 자, 또는 외국의 원수, 외교사절 또는 그 공관에 대한 범죄 행위로 인하여 금고 이상의 형에 처하여지고 일본국의 외교상의 중대한 이익을 해한 자

(c) 영리의 목적으로 마약류의 취체에 관한 일본국의 법령에 위반하여 무기 또는 3년 이상의 징역 또는 금고에 처하여진 자(집행유예의 언도를 받은 자를 제외한다), 또는 마약류의 취

243

체에 관한 일본국의 법령에 위반하여 3회(단, 본 협정의 효력 발생일 전의 행위에 의하여 3회 이상 형에 처하여진 자에 대하여는 2회) 이상 형에 처하여진 자

(d) 일본국의 법령에 위반하여 무기 또는 7년을 초과하는 징역 또는 금고에 처하여진 자

제4조

일본국 정부는 다음에 열거한 사항에 관하여, 타당한 고려를 하는 것으로 한다.

(a) 제1조의 규정에 의거하여 일본국에서 영주가 허가되어 있는 대한민국 국민에 대한 일본국에 있어서의 교육, 생활보험 및 국민건강보험에 관한 사항

(b) 제1조의 규정에 의거하여 일본국에서 영주가 허가되어 있는 대한민국 국민(동 조의 규정에 따라 영주 허가의 신청을 할 자격을 가지고 있는 자를 포함함)이 일본국에서 영주할 의사를 포기하고 대한민국으로 귀국하는 경우의 재산의 휴행 및 자금의 대한민국에의 송금에 관한 사항

제5조

제1조의 규정에 의거하여 일본국에서의 영주가 허가되어 있는 대한민국 국민은 출입국 및 거주를 포함하는 모든 사항에 관하여 본 협정에서 특히 정하는 경우를 제외하고 모든 외국인에게 동등히 적용되는 일본국의 법령의 적용을 받는 것이 확인된다.

제6조

본 협정은 비준되어야 한다. 비준서는 가능한 한 조속히 서울에서 교환한다. 본 협정은 비준서가 교환된 날로부터 30일 후에 효력을 발생한다.

이상의 증거로서, 하기 대표는 각자의 정부로부터 정당한 위임을 받아 본 협정에 서명하였다.

1965년 6월 22일 도쿄에서 동등히 정본인 한국어 및 일본어로 본서 2통을 작성하였다.

대한민국을 위하여
이동원
김동조

일본국을 위하여
시이나 에쓰사부로
다카스키 신이치

한일 문화재 협정(대한민국과 일본국 간의 문화재 및 문화협력에 관한 협정)

대한민국과 일본국은,

양국 문화의 역사적인 관계에 비추어,

양구의 학술 및 문화의 발전과 연구에 기여할 것을 희망하여,

다음과 같이 합의하였다.

제1조

대한민국 정부와 일본국 정부는 양국 국민 간의 문화 관계를 증진시키기 위하여 가능한 한 협력한다.

제2조

일본국 정부는 부속서에 열거한 문화재를 양국 정부 간에 합의되는 절차에 따라 본 협정효력 발생 후 6개월 이내에 대한민국 정부에 인도한다.

제3조

대한민국 정부와 일본국 정부는 각각 자국의 미술관, 박물관, 도서관 및 기타 학술문화에 관한 시설이 보유하는 문화재

에 대하여 타방국의 국민에게 연구의 기회를 부여하기 위하여 가능한 한의 편의를 제공한다.

제4조

본 협정은 비준되어야 한다. 비준서는 가능한 한 조속히 서울에서 교환한다.

본 협정은 비준서가 교환된 날로부터 효력을 발생한다.

이상의 증거로서 하기 대표는 각자의 정부로부터 정당한 위임을 받아 본 협정에 서명하였다.

1965년 6월 22일 도쿄에서 동등히 정본인 한국어 및 일본어로 본서 2통을 작성하였다.

대한민국을 위하여
이동원
김동조

일본국을 위하여
시이나 에쓰사부로
다카스기 신이치

한일어업협정(대한민국과 일본국 간의 어업에 관한 협정)

대한민국 및 일본국은, 양국이 공통의 관심을 갖는 수역에서의 어업자원의 최대의 지속적 생산성이 유지되어야 함을 희망하고,

전기의 자원의 보존 및 그 합리적 개발과 발전을 도모함이 양국의 이익에 도움이 됨을 확신하고,

공해 자유의 원칙이 본 협정에 특별한 규정이 있는 경우를 제외하고는 존중되어야 한다는 것을 확인하고,

양국의 지리적 근접성과 양국 어업상의 교착으로부터 발생할 수 있는 분쟁의 원인을 제거하는 것이 요망됨을 인정하고,

양국 어업의 발전을 위하여 상호 협력할 것을 희망하여, 다음과 같이 합의하였다.

제1조

1. 양 체약국은 각 체약국이 자국의 연안의 기선부터 측정하여 12해리까지의 수역을 자국이 어업에 관하여 배타적 관할권을 행사하는 수역(이하 "어업에 관한 수역"이라 함)으로서 설정하는 권리를 갖음을 상호 인정한다. 단, 일방체약국이 어업에 관한 수역의 설정에 있어서 직선기선을 사용하는 경우에는

그 직선기선은 타방체약국과 협의하여 결정한다.

2. 양 체약국은 일방체약국이 자국의 어업에 관한 수역에서 타방체약국의 어선이 어업에 종사하는 것을 배제하는 데 대하여 상호 이의를 제기하지 아니한다.

3. 양 체약국의 어업에 관한 수역이 중복하는 부분에 대하여는, 그 부분의 최대의 폭을 나타내는 직선을 이등분하는 점과 그 중복하는 부분이 끝나는 2점을 각각 연결하는 직선에 의하여 양분한다.

제2조

양 체약국은 다음 각선으로 둘러싸이는 수역(영해 및 대한민국의 어업에 관한 수역을 제외함)을 공동규제수역으로 설정한다.

(a) 북위 37도 30분 이북의 동경 124도의 경선

(b) 다음 각 점을 차례로 연결하는 선
(i) 북위 37도 30분과 동경 124도의 교점
(ii) 북위 36도 45분과 동경 124도 30분의 교점
(iii) 북위 33도 30분과 동경 124도 30분의 교점

(ⅳ) 북위 32도 30분과 동경 126도의 교점

(ⅴ) 북위 32도 30분과 동경 127도의 교점

(ⅵ) 북위 34도 34분 30초와 동경 129도 2분 50초의 교점

(ⅶ) 북위 34도 44분 10초와 동경 129도 8분의 교점

(ⅷ) 북위 34도 50분과 동경 129도 14분의 교점

(ⅸ) 북위 35도 30분과 동경 130도의 교점

(ⅹ) 북위 37도 30분과 동경 131도 10분의 교점

(ⅺ) 우암령 고정

제3조

양 체약국은 공동규제수역에서, 어업자원의 최대의 지속적 생산성을 확보하기 위하여 필요한 보존조치가 충분한 과학적 조사에 의거하여 실시될 때까지, 저인망어업, 선망어업 및 60톤 이상의 어선에 의한 고등어 낚시 어업에 대하여, 본 협정의 불가분의 일부를 이루는 부속서에 규정한 잠정적 어업 규제 조치를 실시한다("톤"이라 함은 총 톤수에 의하는 것으로 하며 선내 거주구 개선을 위한 허용톤수를 감한 톤수에 의하여 표시함).

제4조

1. 어업에 관한 수역의 외측에서의 단속(정선 및 임검을 포함함) 및 재판 관할권은 어선이 속하는 체약국만이 행하며, 또

한 행사한다.

2. 어느 체약국도 그 국민 및 어선이 잠정적 어업 규제 조치를 성실하게 준수하도록 함을 확보하기 위하여 적절한 지도 및 감독을 행하며, 위반에 대한 적당한 벌칙을 포함하는 국내 조치를 실시한다.

제5조

공동규제수역의 외측에 공동자원조사수역이 설정된다. 그 수역의 범위 및 동 수역 안에서 행하여지는 조사에 대하여는, 제6조에 규정되는 어업공동위원회가 행할 권고에 의거하여, 양 체약국 간의 협의에 따라 결정된다.

제6조

1. 양 체약국은 본 협정의 목적을 달성하기 위하여 한일어업공동위원회(이하 "위원회"라고 함)를 설치하고 유지한다.

2. 위원회는 두 개의 국별 위원부로 구성되며 각 국별 위원부는 각 체약국 정부가 임명하는 3인의 위원으로 구성한다.

3. 위원회의 모든 결의, 권고 및 기타의 결정은 국별 위원부 간의 합의에 의하여서만 행한다.

4. 위원회는 그 회의의 운영에 관한 규칙을 결정하고 필요가 있을 때에는 이를 수정할 수 있다.

5. 위원회는 매년 적어도 1회 회합하고 또 그 외에 일방의 국별 위원부의 요청에 의하여 회합할 수 있다. 제1회 회의의 일자 및 장소는 양 체약국 간의 합의로 결정한다.

6. 위원회는 제1회 회의에서 의장 및 부의장을 상이한 국별 위원부에서 선정한다. 의장 및 부의장의 임기는 1년으로 한다. 국별 위원부로부터의 의장 및 부의장의 선정은 매년 각 체약국이 그 지위에 순번으로 대표되도록 한다.

7. 위원회 밑에 그 사무를 수행하기 위한 상설 사무국이 설치된다.

8. 위원회의 공용어는 한국어 및 일본어로 한다. 제안 및 자료는 어느 공용어로도 제출할 수 있으며, 또한 필요에 따라 영어로도 제출할 수 있다.

9. 위원회가 공동의 경비를 필요하다고 인정할 때에는 위원회가 권고하고 또한 양 체약국이 승인한 형식 및 비율에 따라 양 체약국이 부담하는 분담금에 의하여 위원회가 지불한다.

10. 위원회는 공동 경비를 위한 자금의 지출을 위임할 수 있다.

제7조

1. 위원회는 다음 임무를 수행한다.

(a) 양 체약국이 공통의 관심을 갖는 수역에서의 어업자원의 연구를 위하여 행하는 과학적 조사에 대하여, 또한 그 조사와 연구의 결과에 의거하여 취할 공동 규제수역 안에서의 규제조치에 대하여 양 체약국에 권고한다.

(b) 공동자원 조사수역의 범위에 대하여 양 체약국에 권고한다.

(c) 필요에 따라 잠정적 어업 규제조치에 관한 사항에 대하여 검토하고, 또한 그 결과에 의거하여 취할 조치(당해 규제조치의 수정을 포함함)에 대하여 양 체약국에 권고한다.

(d) 양 체약국 어선 간의 조업의 안전과 질서에 관한 필요한 사항 및 해상에서의 양 체약국 어선 간의 사고에 대한 일반적인 취급방침에 대하여 검토하고 또한 그 결과에 의거하여 취할 조치에 대하여 양 체약국에 권고한다.

(e) 위원회의 요청에 의하여 양 체약국이 제공하여야 할 자료, 통계 및 기록을 편집하고 연구한다.

(f) 본 협정의 위반에 관한 동등한 형의 세목 제정에 대하여 심의하고 또한 양 체약국에 권고한다.

(g) 매년 위원회의 사업보고를 양 체약국에 제출한다.

(h) 이 외에 본 협정의 실시에 따르는 기술적인 제 문제에 대하여 검토하고 또한 필요하다고 인정할 때에는 취할 조치에 대하여 양 체약국에 권고한다.

2. 위원회는 그 임무를 수행하기 위하여 필요에 따라 전문가로 구성되는 하부 기구를 설치할 수 있다.

3. 양 체약국 정부는 1의 규정에 의거하여 행하여진 위원회의 권고를 가능한 한 존중한다.

제8조
1. 양 체약국은 각각 자국의 국민 및 어선에 대하여 항행에 관한 국제 관행을 준수시키기 위하여 양 체약국 어선 간의 조업의 안전을 도모하고 그 정상적인 질서를 유지하기 위하여,

또한 해상에서의 양 체약국 어선 간의 사고의 원활하고 신속한 해결을 도모하기 위하여 적절하다고 인정하는 조치를 취한다.

2. 1에 열거한 목적을 위하여 양 체약국의 관계당국은 가능한 한 상호 밀접하게 연락하고 협력한다.

제9조

1. 본 협정의 해석 및 실시에 관한 양 체약국 간의 분쟁은 우선 외교상의 경로를 통하여 해결한다.

2. 1의 규정에 의하여 해결할 수 없었던 분쟁은 어느 일방 체약국의 정부가 타방 체약국의 정부로부터 분쟁의 중재를 요청하는 공한을 접수한 날로부터 30일의 기간 내에 각 체약국 정부가 임명하는 1인의 중재위원과 이와 같이 선정된 2인의 중재위원이 당해 기간 후 30일의 기간 내에 합의하는 제3의 중재위원 또는 당해 기간 내에 이들 2인의 중재위원이 합의하는 제3국의 정부가 지명하는 제3의 중재위원과의 3인의 중재위원으로 구성되는 중재위원회에 결정을 위하여 회부한다.

단, 제3의 중재위원은 양 체약국 중의 어느 편의 국민이어서는 아니 된다.

3. 어느 일방 체약국의 정부가 당해 기간 내에 중재위원을 임명하지 아니하였을 때, 또는 제3의 중재위원 또는 제3국에 대하여 당해 기간 내에 합의하지 못하였을 때에는 중재위원회는 양 체약국 정부가 각각 30일의 기간 내에 선정하는 국가의 정부가 지명하는 각 1인의 중재위원과 이들 정부가 협의에 의하여 결정하는 제3국의 정부가 지명하는 제3의 중재위원으로 구성한다.

4. 양 체약국 정부는 본 조의 규정에 의거한 중재위원회의 결정에 복한다.

제10조

1. 본 협정은 비준되어야 한다. 비준서는 가능한 한 조속히 서울에서 교환한다. 본 협정은 비준서가 교환된 날로부터 효력을 발생한다.

2. 본 협정은 5년간 효력을 가지며, 그 후에는 어느 일방 체약국이 타방 체약국에 본 협정을 종결시킬 의사를 통고하는 날로부터 1년간 효력을 가진다.

이상의 증거로서, 하기 대표는 각자의 정부로부터 정당한 위임을 받아 본 협정에 서명하였다.

1965년 6월 22일 도쿄에서 동등히 정본인 한국어 및 일본어로 본서 2통을 작성하였다.

대한민국을 위하여
이동원
김동조

일본국을 위하여
시이나 에쓰사부로
다카스키 신이치

분쟁 해결에 관한 교환공문

<한국 측 서한>

1965년 6월 22일
도쿄에서

본관은 양국 정부의 대표 간에 도달된 다음의 양해를 확인하는 영광을 가집니다.

양국 정부는 별도의 합의가 있는 경우를 제외하고는 양국 간의 분쟁은 우선 외교상의 경로를 통하여 해결하는 것으로 하고 이에 의하여 해결할 수가 없을 경우에는 양국 정부가 합의하는 절차에 따라 조정에 의하여 해결을 도모한다.

본관은 또한 각하가 전기의 양해를 일본국 정부를 대신하여 확인할 것을 희망하는 영광을 가집니다.

본관은 각하에게 새로이 본관의 변함없는 경의를 표합니다.

외무부 장관
이동원

일본국 외무대신

시이나 에쓰사부로 각하

<일본 측 서한>

1965년 6월 22일

본 대신은 금일 자의 각하의 다음 서한을 접수하였음을 확인하는 영광을 가집니다.

본관은 양국 정부의 대표 간에 도달된 다음의 양해를 확인하는 영광을 가집니다.
양국 정부는 별도의 합의가 있는 경우를 제외하고는 양국 간의 분쟁은 우선 외교상의 경로를 통하여 해결하는 것으로 하고 이에 의하여 해결할 수가 없을 경우에는 양국 정부가 합의하는 절차에 따라 조정에 의하여 해결을 도모한다.
본관은 또한 각하가 전기의 양해를 일본국 정부를 대신하여 확인할 것을 희망하는 영광을 가집니다.
본관은 각하에게 새로이 본관의 변함없는 경의를 표합니다.

본 대신은 전기의 양해를 일본국 정부를 대신하여 확인하는 영광을 가집니다.
본 대신은 각하에게 새로이 본관의 변함없는 경의를 표합니다.

　일본국 외무대신
　시이나 에쓰사부로

　외무부 장관
　이동원 각하

대일강화조약(샌프란시스코 강화조약)

* 본서와 관련 있는 내용 발췌

제2조

(a) 일본은 한국의 독립을 인정하고, 제주도, 거문도 및 울릉도를 비롯한 한국에 대한 일체의 권리와, 소유권 및 청구권을 포기한다.

(b) 일본은 타이완과 펑후제도에 대한 일체의 권리와 소유권 및 청구권을 포기한다.

(c) 일본은 쿠릴 열도에 대한 그리고 일본이 1905년 9월 5일의 포츠머스 조약에 의해 주권을 획득한 사할린의 일부와 그것에 인접한 도서에 대한 일체의 권리와 소유권 및 청구권을 포기한다.

(d) 일본은 국제연맹의 위임통치제도와 관련된 일체의 권리와 소유권 및 청구권을 포기하고, 신탁통치를 이전에 일본의 위임통치권하에 있었던 태평양 제도에 이르기까지 확대하는 1947년 4월 2일의 유엔 안전보장이사회의 조치를 수용한다.

(e) 일본은 일본 국민의 활동으로부터 비롯된 것이건, 아니면 그 밖의 활동으로부터 비롯된 것이건 간에, 남극 지역의 어떤 부분과 관련된 어떠한 권리나, 소유권 또는 이익에 대한 모든 권리를 포기한다.

(f) 일본은 남사군도와 서사군도에 대한 일체의 권리와 소유권 및 청구권을 포기한다.

제4조

(a) 이 조항의 (b)의 규정에 따라, 일본의 부동산 및 제2항에 언급된 지역의 일본 국민들의 자산 처분 문제와, 현재 그 지역들을 통치하고 있는 당국자들과 그곳의 (법인을 비롯한) 주민들에 대한 (채무를 비롯한) 그들의 청구권들, 그리고 그러한 당국자들과 주민들의 부동산의 처분과 일본과 그 국민들에 대한 그러한 당국자들과 주민들의 채무를 비롯한 청구권들의 처분은 일본과 그 당국자들 간에 특별한 협의의 대상이 된다. 그리고, 일본에 있는, 그 당국이나 거류민의 재산의 처분과, 일본과 일본국민을 상대로 하는 그 당국과 거류민의 청구권(부채를 포함한)의 처분은 일본과 그 당국 간의 별도 협정의 주제가 될 것이다. 제2조에서 언급된 지역에서의 어떤 연합국이나 그 국민의 재산은, 현재까지 반환되지 않았다면, 현존하는 그 상태로 행정당국에 의해 반환될 것이다.

(b) 일본은 제2조와 제3조에 언급된 지역에 있는 일본과 일본 국민 자산에 대해, 미군정의 지침이나 이에 준해서 제정된 처분권의 적법성을 인정한다.

(c) 일본의 지배에서 벗어난 지역과 일본을 연결하는 일본이 소유한 해저 케이블은 균등하게 분할될 것이다. 일본은 일본 측 터미널과 그에 접하는 절반의 케이블을 갖고, 분리된 지역은 나머지 케이블과 터미널 시설을 갖는다.

제14조

(a) 일본이 전쟁 중 일본에 의해 발생한 피해와 고통에 대해 연합국에 배상을 해야 한다는 것은 주지의 사실이다. 그럼에도 불구하고 일본이 생존 가능한 경제를 유지하면서 그러한 모든 피해와 고통에 완전한 배상을 하는 동시에 다른 의무들을 이행하기에는 일본의 자원이 현재 충분하지 않다는 것 또한 익히 알고 있는 사실이다.

따라서

1. 일본은 현재의 영토가 일본군에 의해 점령당한 그리고 일본에 의해 피해를 입은 연합국들에 그들의 생산, 복구 및 다른 작업에 일본의 역무를 제공하는 등, 피해 복구 비용의 보상을 지원하기 위한 협상을 시작한다. 그러한 협상은 다른 연합국들

에 추가적인 부담을 부과하지 않아야 한다. 그리고 원자재의 제조가 필요하게 되는 경우, 일본에 어떤 외환 부담이 돌아가지 않도록 원자재는 해당 연합국들이 공급한다.

2. (Ⅰ), 아래 (Ⅱ)호의 규정에 따라, 각 연합국은 본 조약의 최초의 효력 발생 시에 각 연합국의 관할하에 있는 다음의 모든 재산과 권리 및 이익을 압수하거나, 보유하거나, 처분할 권리를 가진다.

(a) 일본 및 일본 국민,
(b) 일본 또는 일본 국민의 대리자 또는 대행자,
(c) 일본 또는 일본 국민이 소유하거나, 지배하는 단체,

이 (Ⅰ)호에서 명시하는 재산, 권리 및 이익은 현재 동결되었거나, 귀속되었거나, 연합국 적산관리 당국이 소유하거나, 관리하고 있는 것들을 포함하는데, 그것들은 앞의 (a)나 (b) 또는 (c)에 언급된 사람이나, 단체에 속하거나 그들을 대신하여 보유했거나, 관리했던 것들인 동시에 그러한 당국의 관리하에 있던 것들이었다.

(Ⅱ) 다음은 위의 (Ⅰ)호에 명기된 권리로부터 제외된다.

（ⅰ）전쟁 중, 일본이 점령한 영토가 아닌 어떤 연합국의 영토에 해당 정부의 허가를 얻어 거주한 일본의 자연인 재산, 다만 전쟁 중에 제한 조치를 받고서, 본 조약이 최초로 효력을 발생하는 날에 그러한 제한 조치로부터 해체되지 않은 재산은 제외한다.

（ⅱ）일본 정부 소유로 외교 및 영사 목적으로 사용한 모든 부동산과 가구 및 비품, 그리고 일본의 대사관 및 영사관 직원들이 소유한 것으로 통상적으로 대사관 및 영사관의 업무를 수행하는 데 필요한 모든 개인용 가구와 용구 및 투자 목적이 아닌 다른 개인 재산

（ⅲ）종교단체나 민간 자선단체에 속하는 재산으로 종교적 또는 자선적 목적으로만 사용한 재산

（ⅳ）관련 국가와 일본 간에 1945년 9월 2일 이후에 재개된 무역 및 금융 관계에 의해 일본이 관할하게 된 재산과 권리 및 이익, 다만 관련 연합국의 법에 위반하는 거래로부터 발생한 것은 제외한다.

（ⅴ）일본 또는 일본 국민의 채무, 일본에 소재하는 유형재산에 관한 권리나, 소유권 또는 이익, 일본의 법률에 따라 조직된

기업의 이익 또는 그것들에 대한 증서, 다만 이 예외는, 일본의 통화로 표시된 일본 및 일본 국민의 채무에만 적용한다.

(Ⅲ) 앞에 언급된 예외 (ⅰ)로부터 (ⅴ)까지의 재산은 그 보존 및 관리를 위한 합리적인 비용의 지불을 조건으로 반환된다, 그러한 재산이 청산되었다면, 그 재산을 반환하는 대신 그 매각 대금을 반환한다.

(Ⅳ) 앞에 나온 (Ⅰ)호에 규정된 일본재산을 압류하고, 유치하고 청산하거나, 그 외 어떠한 방법으로 처분할 권리는 해당 연합군의 법률에 따라 행사되며 그 소유자는 그러한 법률에 의해 본인에게 주어질 권리를 가진다.

(Ⅴ) 연합국은 일본의 상표권과 문학 및 예술 재산권을 각국의 일반적 사정이 허용하는 한, 일본에 유리하게 취급하는 것에 동의한다.

(b) 연합국은 본 조약의 특별한 규정이 있는 경우를 제외하고, 연합국의 모든 배상 청구권과, 전쟁 수행 과정에서 일본 및 그 국민이 자행한 어떤 행동으로부터 발생된 연합국 및 그 국민의 다른 청구권, 그리고 점령에 따른 직접적인 군사적 비용에 관한 연합국의 청구권을 포기한다.

한일공동선언(한일전면회담 재개에 관한 공동성명)

 1957년 12월 31일에 일본국 후지야마 외무대신과 주일 한국 대표부 대표 김유택 대사 간에 이루어진 회담에서, 일본국 정부가 제2차 세계대전 종료 전부터 일본국에 계속 거주하고 있는 한국인으로 일본국의 입국자 수용소에 수용되어 있는 자를 석방하는 것 및 대한민국 정부가 한국의 외국인 수용소에 수용되어 있는 일본인 어부를 송환하고 또한 제2차 세계대전 후의 한국인 불법입국자의 송환을 받아들이는 것이 합의되었다.

 동시에 일본국 정부는 대한민국 정부에 대해, 일본국 정부가 1953년 10월 15일에 구보타 간이치로 수석대표가 행한 발언을 철회하며, 1957년 3월 6일에 일본국과 대한민국 간의 회담에서 일본 측 대표가 행한 재한 재산에 대한 청구권 주장을 철회할 것을 통고했다.

 그 결과, 일본국과 대한민국 간의 전면회담은, 도쿄에서 1958년 3월 1일에 재개하기로 합의되었다.

1951년 10월 공포 출입국관리령 제24조 제1항 4호에 열거된 강제퇴거사유

① 여권에 기재된 재류자격 변경을 받지 않고, 해당 재류자격 이외의 재류자격에 속하는 자가 행해야 할 활동을 오로지 행하고 있다고 인정되는 자

② 여권에 기재된 재류기간을 경과하여, 본방에 잔류하는 자

③ 나병 예방법 적용을 받고 있는 나병 환자

④ 정신위생법에서 정하는 정신장애자로 사법에서 정하는 정신병원 또는 지정 병원에 수용되어 있는 자

⑤ 빈곤한 자, 떠돌이, 신체장애자 등으로 생활상 국가 또는 지방공공단체의 부담이 되고 있는 자

⑥ 외국인 등록령 규정을 위반하여 금고 이상의 형에 처해진 자. 단 집행유예를 언도 받은 자는 제외

⑦ 소년법(1948년 법률 제168호)에서 규정하는 소년으로 이 정령 시행 후에 3년을 넘는 징역 또는 금고에 처해진 자

⑧ 이 정령 시행 후에 마약단속법, 대마단속법 또는 형법 (1908년 법률 제45호) 제14장 규정을 위반하여 유죄 판결을 받은 자

⑨ ⑥부터 ⑧에서 규정하는 자를 제외하고 이 정령 시행 후에 무기 또는 1년을 넘는 징역 또는 금고에 처해진 자. 단 집행유예를 언도 받은 자는 제외

⑩ 매춘 또는 그 알선, 권유, 장소 제공, 그 외 매춘과 직접 관계가 있는 업무에 종사하는 자

⑪ 다른 외국인이 불법으로 본방에 들어오거나 상륙하는 것을 선동하고 부추기며 또는 도움을 준 자

⑫ 일본국 헌법 또는 그 아래 성립한 정부를 폭력으로 파괴하기를 기도하거나 주장하고 또는 이것을 기도하거나 주장하는 정당 그 외의 단체를 결성하거나 이에 가입하고 있는 자

⑬ 상기의 정당 그 외 단체를 결성하거나 이에 가입하거나 또는 이와 밀접한 관계를 가진 자
  - 공무원이라는 이유로 공무원에게 폭행을 가하거나 또는 공무원을 살상하기를 권장하는 정당 그 외의 단체
  - 공공 시설을 불법으로 손상하거나 또는 파괴하기를 권장하는 정당 그 외의 단체
  - 공장사업장의 안전유지 시설의 정상적인 유지 또는 운행을 그만두게 하거나 또는 방해하려는 쟁의 행위를 권장하는 정당 그 외의 단체

⑭ ⑫ 또는 ⑬에서 규정하는 정당 그 외의 단체의 목적을 달성하기 위해서 인쇄물, 영화 그 외의 문서, 그림 등을 작성하여 배포하거나 또는 전시한 자

⑮ ①부터 ⑭에 해당하는 자를 제외하고 외무대신이 일본국의 이익 또는 공안을 해하는 행위를 행한다고 인정된 자

참고 문헌

[제1장]

太田修, 「大韓民国樹立と日本—日韓通商交渉の分析を中心に」(『朝鮮学報』 第173号, 1999年).

李鍾元, 「戦後米国の極東政策と韓国の脱植民地化」(『近代日本の植民地8 アジアの冷戦と脱植民地化』岩波書店, 1993年).

在外財産調査会編, 『日本人の海外活動に関する歴史的調査』 總目録, 1950 年.

賠償問題研究会編, 『日本の賠償—その現状と問題点』外交時報社, 1959年.

장박진, 『식민지 관계 청산은 왜 이루어질 수 없었는가』 논형, 2009년.

金昌禄, 「韓国における韓日過去清算訴訟」(『立命館国際地域研究』 第26 号, 2008年).

[제2장]

장박진, 「한일회담에서의 기본관계조약 형성과정의 분석: 제2조『구조 약 무효조항』 및 제3조『유일합법성 조항』을 중심으로」(『국제 ·지역연구』 17권2호, 2008년).

[제3장]

太田修, 『日韓交渉—請求権問題の研究』クレイン, 2003年.

吉澤文寿, 『戦後日韓関係—国交正常化交渉をめぐって』クレイン, 2005年.

山田昭次, 「日韓条約の今日の問題点」(『世界』 第567号, 1992年).

金恩貞,「日韓国交正常化交渉における日本政府の政策論理の原点: 対韓請求権論理」の形成を中心に」(『季刊国際政治』 第172号, 2013年).

道場親信, 「『戦後開拓』再考―『引揚げ』以後の 『非／国民』たち」(『歴史学研究』 第846号, 2008年).

[제4장]

松本邦彦,「在日朝鮮人の日本国籍剝奪―日本政府による平和条約対策研究の検討」(『法学』 [東北大学法学会] 第52巻 第4号, 1988年) .

文京洙,『在日朝鮮人問題の起源』 クレイン, 2008年.

金太基,『戦後日本政治と在日朝鮮人問題 ＳＣＡＰの対在日朝鮮人政策 1945―1952年』 勁草書房, 1997年.

李洋秀,「韓国側文書に見る日韓国交正常化交渉 第3回 在日韓国人の国籍」(『季刊 戦争責任研究』 第55号, 2007年).

テッサ・モーリス―スズキ,『北朝鮮へのエクソダス―「帰国事業」の影をたどる』 朝日新聞社, 2007年.

田中宏,『在日外国人 第三版―法の壁, 心の溝』 岩波書店, 2013年.

金鉉洙,「日韓会談における韓国政府の在日朝鮮人認識―『無自覺的な棄民』から『自覺的な棄民』へ」(『朝鮮史研究会会報』 第181号, 2010年).

鄭榮桓,『朝鮮獨立への隘路 在日朝鮮人の解放五年史』 法政大学出版局, 2012年.

[제5장]

류미나,「『한일회담 외교문서』로 본 한・일 간 문화재 반환교섭」(국민대학교일본학연구소 편,『외교문서 공개와 한일회담의 재조명 2의제로 본 한일회담』 선인, 2010년).

大韓民国政府,『対日賠償要求調書』, 1954年.

荒井信一,『コロニアリズムと文化財―近代日本と朝鮮から考える』 岩波書店, 2012年.

[제6장]

浅羽祐樹, 『したたかな韓国 朴槿惠時代の戦略を探る』 NHK出版, 2013
年.

和田春樹, 『領土問題をどう解決するか』 平凡社, 2012年.

ロー・ダニエル, 『竹島密約』 草思社, 2008年.

조윤수, 「한일회담과 독도 : 한국, 일본, 미국의 대응을 중심으로」(『영
토해양연구』 4호, 2012년) .

[한일회담 전반]

李鍾元・浅野豊美・木宮正史編著, 『歴史としての日韓国交正常化(Ⅰ
東アジア冷戦編, Ⅱ脱植民地化編)』, 法政大学出版局, 2011年.
※ 상기 연구서의 한국어판은 국민대학교 일본학연구소 편,
『외교문서 공개와 한일회담의 재조명(1 한일회담과 국제사회,
2 의제로 본 한일회담)』선인, 2010년이 있다. 본서에서는 일본
어판에 수록된 논문을 다루고 있으며, 이하에서는 동 연구서에
수록된 논문에 대해 『歴史1』 또는 『歴史2』로 부기한다. 또한
자료집으로는 浅野豊美・吉澤文寿・李東俊・長澤裕子・金鉉洙
編, 『日韓国交正常化問題資料』(現代史料出版)이 2010년부터 간
행되고 있다.

Alexis Dudden "Troubled apologies among Japan, Korea, and United
States" Columbia University Press, 2008.

金昌祿, 「韓国における韓日過去淸算訴訟」(『立命館国際地域研究』 第26号,
2008年).

金斗昇, 『池田勇人政権の対外政策と日韓交渉－内政外交における「政治
経済一体路線」』 明石書店, 2008年.

小竹弘子, 『隠される日韓会談の記録―情報公開の現状と問われる日本の
民主主義』 創史社, 2011年.

박진희, 『한일회담 제1공화국의 대일정책과 한일회담전개과정』 선인,
2008년.

李洋秀, 「韓国側文書に見る日韓国交正常化交渉1～4」(『戦争責任研究』 第

53〜55, 57号, 2006年, 2007年).

[기본관계문제]

吉澤文寿, 「日韓国交正常化交渉における基本関係交渉」(『歴史2』).

李元徳, 「日韓基本条約と北朝鮮問題−唯一合法性条項とその現在的含意」
　　　(『歴史1』).

[청구권 문제]

浅野豊美, 「サンフランシスコ講和条約と帝国清算過程としての日韓交渉」
　　　(『歴史2』).

太田修, 「日韓財産請求権問題の再考脱植民地主義の視角から」(『文学部論
　　　集』[仏教大学] 第90号, 2006年).

太田修, 「二つの講和条約と初期日韓交渉における植民地主義」(『歴史2』).

太田修, 「もはや『日韓請求権協定で解決済み』ではすまされない 朝鮮人強
　　　制動員被害者への戦後補償をめぐって」(『世界』第848号, 2013年).

木宮正史, 「韓国の対日導入資金の最大化と最適化」(『歴史1』).

張博珍, 「日韓会談における被害補償交渉の過程分析 『賠償』・『請求権』
　　　・『経済協力』方式の連續性」(『歴史1』).

장박진, 『미완의 청산 한일회담 청구권 교섭의 세부 과정』 역사공간,
　　　2014년.

吉澤文寿, 「日韓請求権協定と戦後補償問題の現在−第2条条文化過程の
　　　検証を通して」(『体制移行期の人権回復と正義』[平和研究 第38
　　　号], 早稲田大学出版部, 2012年).

吉澤文寿, 「日韓会談における請求権交渉の再検討−日本政府における議
　　　論を中心として」(『歴史学研究』第920号, 2014年).

李鍾元, 「日韓の新公開外交文書にみる日韓会談とアメリカ1〜3−朴正熙
　　　軍事政権の成立から 『大平・金メモ』まで」(『立教法学』 第76〜
　　　78号, 2009年, 2010年).

李鍾元, 「日韓会談の政治決着と米国『大平・金メモ』への道のり」(『歴史
　　　1』).

李東俊,「日韓請求権交渉と『米国解釈』会談『空白期』を中心にして」(『歴史1』).

[문화재 문제]

クリスティン・キム,「古美術品をめぐる国際政治－冷戦政治と朝鮮半島の文化財一九四五～一九六〇年」(『歴史2』).

長澤裕子,「日韓会談と韓国文化財の返還問題再考－請求権問題からの分離と『文化財協定』」(『歴史2』).

朴薫,「日韓会談における文化財『返還』交渉の展開過程と争点」(『歴史2』).

李洋秀,「日韓会談と文化財返還問題」(『戦争責任研究』 第72号, 2011年).

[「재일한국인」 법적지위 문제]

太田修,「第1次日韓国交正常化交渉における在日朝鮮人の法的地位と処遇－植民地主義, 分断, 冷戦の交錯」(『社会科学』 [同志社大学] 第44巻 第2号, 2014年).

小林玲子,「日韓会談と『在日』の法的地位問題－退去強制を中心に」(『歴史2』).

崔永鎬,「終戦直後の在日朝鮮人・韓国人社会における 『本国』指向性と第一次日韓会談」(『歴史2』).

盧琦霙,「在日民団の本国指向路線と日韓交渉」(『歴史2』).

玄武岩,「日韓関係の形成期における釜山収容所/大村収容所の 『境界の政治』」(『同時代史研究』 第7号, 2014年).

吉澤文寿,「日韓会談における『在日韓国人』法的地位協定 国籍・永住許可・退去強制問題を中心に」(『朝鮮史研究会論文集』 第49集, 2011年).

[재일조선인 귀국운동]

菊池嘉晃,『北朝鮮帰国事業 「壮大な拉致」か 「追放」か』 中央公論新社, 2009年.

テッサ・モーリス－スズキ(田代泰子譯),『北朝鮮へのエクソダス 「帰国事業」の影をたどる』 朝日新聞社, 2007年.

[어업, 독도 영유권 문제]

崔喜植, 「韓日会談における獨島領有権問題　韓国と日本外交文書に対する実証的分析」(『歴史2』).

山内康英・藤井賢二, 「日韓漁業問題　多相的な解釈の枠組み」(『歴史2』).

[반대운동]

板垣龍太, 「日韓会談反対運動と植民地責任論－日本朝鮮研究所の植民地主義論を中心に」(『思想』 第1029号, 2010年).

内海愛子, 「日韓条約と請求権 『朝鮮研究』などの同時代史的検証」(『歴史学研究』 第921号, 2014年).

金鉉洙, 『日本における日韓会談反対運動－在日朝鮮人運動を中心に』, 2011年度明治大学大学院博士学位請求論文.

朴正鎮, 「日韓会談反対運動」(『歴史1』).

朴正鎮, 『日朝冷戦構造の誕生: 1945－1965 封印された外交史』平凡社, 2012年.

吉岡吉典(吉澤文寿解説), 『日韓基本条約が置き去りにしたもの　植民地責任と眞の友好』大月書店, 2014年.

吉澤文寿, 「日本の戦争責任論における植民地責任－朝鮮を事例として」(永原陽子編著, 『「植民地責任」論－脱植民地化の比較史』青木書店, 2009年).

[그 외]

安昭榮, 「韓日会談をめぐる日本の政策決定過程－一九六〇年の局面轉換期を中心に」(『歴史1』).

池田愼太郎, 「自民党の『親韓派』と『親台派』－岸信介・石井光次郎・船田中を中心に」(『歴史1』).

金敬黙, 「日本のなかの『在日』と社会運動－市民運動と国際連帯による再検討」(『歴史1』).

長澤裕子, 「戦後日本のポツダム宣言解釈と朝鮮の主権」(『歴史2』).

ペテル・デュラナ, 「日本社会党の対朝鮮半島政策の源流と展開－一九五

○年代野党外交における未發の可能性」(『歴史1』).

南基正, 「韓日船舶返還交渉の政治過程－第一次会談船舶分科委員会における交渉を中心に」(『歴史2』).

朴正鎭, 「日韓会談と日朝関係－一九五〇〜一九五九年」(『歴史1』).

樋口敏廣, 「水産資源秩序再編におけるGHQ天然資源局と日韓関係」(『歴史2』).

玄武岩, 「サハリン殘留韓国・朝鮮人の歸還をめぐる日韓の対応と認識─1950〜70年代の交渉過程を中心に」(『同時代史研究』 第3号, 2010年).

후기

　필자가 첫 연구서인 『전후 한일 관계-국교정상화 교섭을 중심으로』를 출판한 2005년은 한일국교정상화로부터 40주년이 되는 해이자 한국정부가 한일회담 관련 외교문서를 모두 공개한 해이기도 하다. 이때 필자는 시민운동을 하고 계신 분에게 전후 보상문제를 해결하기 위해서도 일본에서 한일회담 관련 외교문서가 공개되어야 한다는 호소를 들었고, 이를 계기로 '한일회담 문서·전면 공개를 요구하는 모임'을 결성하여 공동대표를 맡게 되었다. 한일 양국의 많은 분들의 지원을 받았고 일본정부가 해당 외교문서를 공개하기로 결정한 것을 그 성과라고 할 수 있다. 본서는 2005년 이후 한일 양국에서 공개된 외교문서를 중심으로 집필한 것이다.

　또한 필자는 2006년 4월부터 니가타 국제정보대학(新潟国際情報大学)에 취직하게 되었다. 필자는 충실한 교육과 연구환경 속에서 여러 가지 일들을 할 수가 있었다. 앞으로 대학은 점점 경쟁이 심해지게 될 텐데 지금에 이르기까지 이 환경이 없었다면 본서를 출판할 수는 없었을 것이다.

그리고 지금까지 많은 분들께서 연구회·심포지엄·집회 등에 필자를 불러 주셨고 이를 통해 우수한 연구자나 활동적인 시민분들과 함께 연구를 진행할 수가 있었으며, 그때마다 한일회담 관련 테마를 고찰하고 발표할 기회를 얻었다. 본서는 이와 같은 계속적인 연구 성과를 정리하여 한 권의 책으로 엮은 것이다. 본서의 내용은 다음과 같은 논문 또는 연구 보고를 바탕으로 하고 있다.

제1장＝「日韓国交正常化」(中野聡ほか編著『ベトナム戦争の時代　一九六〇－一九七五　＜岩波講座東アジア近現代通史　第8巻＞ 岩波書店, 2011年)

제2장＝「日韓国交正常化における基本関係交渉」(浅野豊美・木宮正史・李鍾元著,『歴史としての日韓国交正常化Ⅱ　脱植民地化編』法政大学出版局, 2011年)

제3장＝「日韓請求権協定と戦後補償問題の現在　第二条条文化過程の検証を通じて」(『体制移行期の人権回復と正義』[平和研究第三八号], 早稲田大学出版部, 2012年) ／「日韓会談にける請求権交渉の再検討－日本政府における議論を中心として－」(『歴史学研究』第九二〇号, 2014年)

제4장＝「日韓会談における『在日韓国人』法的地位交渉－国籍・永住許可・退去強制問題を中心に」(『朝鮮史研究会論文集』　第四九集, 2011年)

제5장=(研究報告)「日韓会談にける文化財交渉について−典籍をめぐる考察を中心に−」(朝鮮王室儀軌研究会, 九州大学韓国研究センター, 2011年2月19日)

제6장=(研究報告)「日韓会談にける竹島／独島領有権問題の解決策論議の検証−二〇一三以降の外務省文書における新出部分を中心に−」(第五一回朝鮮史研究会大会パネル2「竹島／独島領有権問題の現代史的課題」, 京都府立大学, 2014年10月19日)

필자가 한일회담 관련 연구를 시작한 것은 도쿄가쿠게이대학(東京学芸大学) 교육학연구과 석사과정에 입학한 1992년부터이다. 사실 왜 이 테마를 선택했는지는 명확하게 기억하고 있지 않다. 당시 일본군 '위안부' 문제를 비롯한 일본의 전쟁과 식민지 지배에 의한 조선인 피해자들 문제가 주목되고 있었고, 당시 학생이었던 필자는 그러한 현상의 원점이 어디에 있는지를 생각하여 이 테마를 선택한 것으로 생각된다.

한일회담 연구를 시작했지만, 모르는 것이 너무 많았던 필자는 문헌이나 사료를 수집하면서 연구를 모색하는 날들을 보냈다. 그때 다카사키 소지(高崎宗司) 교수가 『세카이』(『世界』 제572호, 1992년 9월)에 집필한 「한일조약에서 보상은 해결되었는가」(「日韓条約で補償は解決したか」)를 읽고, 도쿄대 동양문화연구소에 한일회담 관련 자료가 있다는 것을 알았다. 필자는 국립대학 도서관들 간의 공동 열람증을 한 손에 쥐어 들고 두

근거리는 마음으로 해당 연구소를 방문했지만 곧바로 열람할 수가 없었다. 필자는 당시 소장이었던 마쓰타니 도시오(松谷敏雄) 교수, 고토 아키라(後藤明) 교수와 면담하고 열람 허가를 받은 후에야 가까스로 한국정부가 작성한 한일회담 회의록을 열람할 수 있었다. 이것이 한일회담 관련 1차 기록과의 첫 만남이었다. 복사는 하지 않겠다는 약속이 있었기 때문에 연구소를 다니면서 의사록의 중요한 부분을 열심히 공책에 옮겨 적었다.

그러한 메모를 정리하여 작성한 석사학위 논문 「한일회담의 재산 청구권 문제의 전개」(「韓日会談における財産請求権問題の展開」)를 제출한 것은 1995년 1월의 일이었다. 그때부터 20년이나 같은 테마로 연구를 계속하고 있지만, 지금도 한일회담에 대해서 모두 알게 되었다는 확신은 가지고 있지 않다. 하지만 20년 전과 비교하면 한일회담의 무엇이 문제이고 어떠한 문제와 관련되는가라는 것에 대해서 어느 정도 들여다볼 수 있게 되었다고 생각한다. 일본과 남북한의 외교 관계는 물론 재일조선인과 일본사회, 전쟁 책임 및 '식민지 책임', 역사 인식에서부터 공문서 관리나 정보공개 문제까지 한일회담을 연구하게 되면서 다양한 과제와 연관성이 보인다는 의미에서, 이 테마는 일본에서 남북한 문제를 생각할 때 되돌아봐야 할 '원점'이라고 생각한다.

2014년 4월, 고분켄 편집부의 마나베 카오루(真鍋かおる) 씨에게 메일을 받았다. 마나베 씨는 혐한·혐중 관련 책들이 서점의 일각을 점유하고 있는 일본의 출판 상황을 우려하면서 하타다 다카시(旗田巍) 교수가 집필한『일본인의 조선관』(『日本人の朝鮮観』勁草書房, 1969年)을 잇는 책의 집필을 제안해 주셨다. 필자에게 이 테마로 새로운 책을 낸다는 것은 너무나 큰 일이었다. 하지만 지금까지 발표해 온 한일회담 관련 저작을 정리하는 것으로 마나베 씨의 제안에 응할 수 있지 않을까 생각했고, 이를 문의하자 흔쾌하게 승락해 주셨다. 마나베 씨는 필자의 원고가 조금이라도 편하게 읽힐 수 있도록 많은 제안을 해주셨고 필자의 역량이 닿는 범위에서 수정·가필 작업을 했다. 또한 필자가 신뢰하는 학생에게도 원고를 읽고 의견을 제시해 주도록 부탁했다.

이리하여 한일 국교정상화 50주년에 맞춰 본서가 출판될 수 있었다. 신세를 진 모든 분들께 감사의 마음을 전하고 동시에 많은 분들의 비판도 부탁드린다.

2015년 6월
새들처럼 재잘거리는 아이들의 웃음소리가 들리는 자택에서
요시자와 후미토시

역자 후기

이 책은 한림대학교 일본학연구소가 수행하고 있는 인문한국플러스(HK$^+$) 지원사업(연구 아젠다: 포스트제국의 문화권력과 동아시아)의 일환으로, 요시자와 후미토시 교수의 저서 『한일회담 1965』를 번역한 것이다.

저자는 한국현대사와 한일관계사를 전공하면서 한일회담을 주요 연구 주제로 삼고 있는 학자이자 시민운동가이기도 하다. 그는 한일회담을 비롯하여 한일 관계와 관련한 다양한 연구를 진행해 왔고 이러한 연구들은 현대 한일 관계를 이해하는 데에 있어서 일독해야 할 연구이다. 또한 '한일외교 문서·전면 공개를 요구하는 모임'의 주축 멤버로서 일본정부가 한일회담 관련 외교문서를 공개하는 데에도 앞장섰다. 공개된 외교문서가 한일회담 관련 연구 등의 기초 자료로 널리 활용되고 있다는 점에서 그의 활동은 학계에도 큰 공헌을 했다. 이와 같이 저자는 학문적인 측면에서 그리고 실천적인 측면에서 현대 한일 관계를 이해하는 데에 공헌을 했다고 평가할 수 있다.

『한일회담 1965』는 저자의 기존 연구 성과를 바탕으로 새롭게 공개되고 있었던 한일회담 관련 일본외교문서를 추가하여 작금의 한일 관계를 규정하고 있는 '65년 체제', 즉 현대 한일 관계의 '원점'이라고 할 수 있는 한일회담을 다루고 있는 책이다.

한일 역사인식문제의 근본적인 원인이자 지금도 그 인식의 괴리가 견고한, 식민지 지배를 둘러싼 기본관계문제를 비롯하여, 일본군 '위안부' 문제, 강제동원문제의 큰 원인인 청구권 문제, 일본에 남아 있는 한국 문화재와 관련한 문화재 반환 문제, 지금도 재일동포들의 삶에 영향을 끼치고 있는 재일한국인의 법적지위 문제, 역사인식문제이자 영토 문제인 독도 문제 등 한일회담의 주요 의제이면서 지금도 한일 양국의 현안이 되고 있는 문제들에 대해 일반인들도 알기 쉽게 설명하고 있다. 수많은 한일회담 관련 외교문서를 참고하면서 집필한 저자의 폭넓은 지식과 성실함이 묻어나는 책이기도 하다.

이와 같이 『한일회담 1965』는 한일 양국의 역사인식문제를 비롯한 현대 한일 관계를 이해하는 데에 유익한 책이며 대학생들을 위한 한일 관계 입문서로서, 그리고 시민들을 위한 교양서로서도 손색이 없을 것이다. 다양한 독자분들께서 이 책을 읽고 작금의 한일 관계가 형성된 '원점'을 이해하고 알게 된다면 역자로서 이보다 더 큰 보람은 없을 것이다.

마지막으로 번역서를 출간하는 데에 있어서 많은 분들의 격려와 도움을 받았다. 한림대학교 일본학연구소의 서정완 소장

284

님과 김웅기 교수님, 판권을 비롯하여 출판 관련 일을 해주신 심재원 연구원님과 김화영 직원께 감사의 마음을 전한다. 또한 일본학연구소의 전성곤 교수님, 권연이, 김현아, 임성숙, 김경옥 교수님, 역자의 부족한 일본어에 도움을 주는 네기시 켄 (根岸謙) 교수와 간노 코헤이(菅野公平) 씨, 그리고 번역서를 출간할 수 있게 해주신 요시자와 교수님과 고분켄, 이담북스 관계자분들께 큰 감사의 마음을 전한다. 마지막으로 일일이 이름을 언급하지는 않았지만, 평소 역자를 격려하고 응원해 주시는 많은 분들께도 이 자리를 빌려 진심을 담아 감사드린다는 말씀을 전한다.

2021년 12월
겨울 내음이 짙어지는, 춘천에서
엄태봉

요시자와 후미토시(吉澤文寿)

1969년생. 히토쓰바시대학(一橋大学) 사회학연구과 박사 과정 졸업(사회학 박사). 현재 니가타 국제정보대학 국제학부 교수. 한국현대사, 한일관계사 전공. 주요 저작으로 『日韓会談1965 戦後日韓関係の原点を検証する』(高文研, 2015年), 『[新裝新版] 戦後日韓関係—国交正常化交涉をめぐって』(クレイン, 2015年, 한국어판: 이현주 옮김, 『현대 한일문제의 기원-한일회담과 '전후 한일관계'』일조각, 2019년), 『歴史認識から見た戦後日韓関係-「1965年体制」の歴史学・政治学的考察』(社会評論社, 2019年, 編著), 동북아역사재단 한일역사문제연구소 편, 『한일협정과 한일관계-1965년 체제는 극복 가능한가?』(동북아역사재단, 2019년, 공저), 한일관계사학회 편, 『한일수교 50년 상호 이해와 협력을 위한 역사적 재검토 1』(경인문화사, 2017년, 공저), 이원덕・기미야 다다시 외, 『한일관계사 1965-2015 Ⅰ정치』(역사공간, 2015년, 공저), 전쟁과 여성 대상 폭력에 반대하는 연구행동 센터(VAWW RAC) 편, 김경원 외 옮김, 『그들은 왜 일본군 '위안부'를 공격하는가』(Humanist, 2014년, 공저) 등이 있다.

엄태봉

국민대학교 국제지역학부(일본학 전공)와 동 대학원(일본지역전공)을 졸업한 후, 도호쿠대학(東北大学) 법학연구과에서 석사와 박사학위를 취득했다. 전공은 한일관계사 일본정치외교사이며, 국민대학교와 고려대학교 강사, 대진대학교 강의교수, 국민대학교 일본학연구소 연구원 등을 거쳐 현재 한림대학교 일본학연구소 HK연구교수로 재직 중이다. 주요 연구로 「북일회담과 문화재 반환 문제: 한일회담의 경험과 그 함의를 중심으로」(『아세아연구』 제62권 2호, 2019년), 「간담화, 한일도서협정과 일본정부의 식민지 지배 인식의 연속성」(『동북아연구』 제34권 1호, 2019년), 『한일협정과 한일관계』(동북아역사재단 한일역사문제연구소 편, 2019년, 공저), 『일본은 왜 독도에 집착할까 – 일본 국회의사록을 중심으로』(곽진오 편, 2019년, 공저), 「2020년도 검정통과 일본 중학교 역사 교과서의 독도 기술 내용 분석」(『비교일본학』 제49집, 2020년), 『日韓会談研究のフロンティア—「1965年体制」への多角的アプローチ』(吉澤文寿編, 2021年, 共著)등이 있다.